主　编 / 中共中央党校（国家行政学院）应急管理培训中心（中欧应急管理学院）

应急管理系列丛书 · 理论前沿

突发事件下的心理与行为研究

RESEARCH ON PSYCHOLOGICAL AND BEHAVIOR IN EMERGENCIES

张滨熠　著

社会科学文献出版社
SOCIAL SCIENCES ACADEMIC PRESS (CHINA)

出版说明

2018年3月，根据中共中央印发的《深化党和国家机构改革方案》，将中共中央党校和国家行政学院的职责整合，组建新的中共中央党校（国家行政学院），实行一个机构两块牌子，作为党中央直属事业单位。

新组建的中共中央党校（国家行政学院）设立应急管理培训中心（中欧应急管理学院），承担应急管理教育培训和相关科研、咨询、国际交流合作职责，参与研究制定国家应急管理规划、规范、标准、预案，开展应急管理人员培训和师资培训，建设国家安全与应急管理学科，指导地方校（院）开展应急管理业务。

应急管理是各级党委政府必须履行好的重要职责，是干部教育培训的重要内容。2015年1月12日，习近平总书记在接见中央党校第一期县委书记研修班全体学员并合影座谈时，要求中央党校加强对学员进行危机处理、国家安全和公共安全的教育培训等。2018年3月，组建应急管理部，整合九个部门和四个议事协调机构的相关职责，作为国务院组成部门。2018年10月，中共中央印发《2018—2022年全国干部教育培训规划》，把应急管理列为干部教育培训的重要内容。

作为全国应急管理干部教育培训的主渠道，中共中央党校（国家行政学院）应急管理培训中心（中欧应急管理学院）将继续认真学习习近平总书记关于应急管理的重要论述，密切跟踪应急管理理论前沿和实践发展，结集出版“应急管理系列丛书”，为全面推进新时代中国应急管理事业改革发展建言献策。

2018年11月

总 序

全面加强应急管理工作，是全面履行政府职能的内在要求和重要举措，是维护国家安全、社会稳定和人民利益的重要保障。党中央、国务院长期高度重视应急管理工作。党的十八大以来，以习近平同志为核心的党中央，站在时代前沿和战略全局高度，从增强忧患意识、防范风险挑战，树立红线意识、统筹安全发展，坚持底线思维、强化应急准备，完善体制机制、加强能力建设，抓好安全生产、推进防灾减灾救灾“三个转变”等方面，对加强和改进应急管理工作提出了一系列新观点、新论断、新要求，回答了新时代应急管理工作的一系列根本性、战略性、全局性问题。

应急管理是干部教育培训的重要内容。2015 年 1 月 12 日，习近平总书记在接见中共中央党校第一期县委书记研修班全体学员并合影座谈时，要求加强对学员进行危机处理、国家安全和公共安全的教育培训等。2018 年 3 月，根据《深化党和国家机构改革方案》新组建的应急管理部，整合九个部门和四个议事协调机构的相关职责，作为国务院组成部门。2018 年 10 月，中共中央印发《2018—2022 年全国干部教育培训规划》，把应急管理列为干部教育培训的重要内容。

2018 年 3 月，中共中央党校和国家行政学院的职责整合，组建新的中共中央党校（国家行政学院）。新组建的中共中央党校（国家行政学院），设立应急管理培训中心（中欧应急管理学院），承担应急管理教育培训和相关科研、咨询、国际交流合作职责，参与研究制定国家应急管理规划、规范、标准、预案，开展应急管理人员培训和师资培训，建设国家安全与应急管理学科，指导地方校（院）应急管理业务。

为总结近年来全国应急管理培训基地教学培训、科研咨询、案例开发工作成果，服务于各级党委政府决策和领导干部应急管理培训工作，原国家行政学院应急管理培训中心（中欧应急管理学院）自 2015 年开始组织编写应急管理系列丛书。作为全国应急管理干部教育培训的主渠道、主阵地，中共中央党校（国家行政学院）应急管理培训中心（中欧应急管理学院）将继续认真学习贯彻习近平总书记关于应急管理的重要论述，密切跟踪应急管理理论前沿和实践发展，结集出版“应急管理系列丛书”，为全面推进新时代我国应急管理事业改革发展建言献策。

本丛书包括“应急管理教材”“应急管理理论前沿”“应急管理案例研究”“应急管理中外研究”四个系列。

“应急管理教材”系列旨在系统梳理国内外突发事件应急管理的前沿理论与先进经验，为应急管理实际工作者、公共管理专业硕士及理论研究人员提供一般性知识参考框架，力求反映应急管理研究的知识演进脉络，兼顾最新发展趋向。该系列具体又包括两大类。一是 MPA 教材。以在中共中央党校（国家行政学院）MPA 应急管理方向研究生中开设的专业课程为基础，编辑出版 MPA 教材。二是公务员培训教材。结合中共中央党校（国家行政学院）相关应急管理专题培训班次，组织编写应急管理培训专题教材和通用教材。

“应急管理理论前沿”系列旨在跟踪应急管理理论发展与创新，推动应急管理理论研究与学科建设，发挥各级政府应急管理培训基地的学术引领作用，保持其理论研究的前瞻性、前沿性，持续推动高水平应急管理学术专著的出版。该系列研究的主要领域包括：公共安全与应急管理领域的基础理论、综合研究，自然灾害、事故灾难、突发公共卫生事件和社会安全事件四大类突发事件的分类研究，预防与应急准备、监测与预警、应急处置与救援、事后恢复与重建等分阶段应急管理研究，国外应急管理理论与实践研究，公务员应急管理培训工作研究，等等。

“应急管理案例研究”系列旨在系统总结和科学评估国内外突发事件典型案例，推进应急管理案例库项目成果开发和应用，逐步建立在国内外有一定影响力的中国应急管理案例库，服务于教学培训、科研咨询和对外合作。该系列具体又包括两大类：一是“应急管理典型案例研究报告”，主要收录每年 10 起左右典型突发事件的案例研究报告；二是“重大突发事件案例研究报告”，主要收录每年重特大突发事件的深度案例研究报告。

“应急管理中外研究”系列旨在总结提炼国际合作的丰硕成果和经验，分享不同国家的灾害风险治理与应急管理方式方法，介绍国际组织在风险治理、危机应对、人道主义救援等方面的做法，同时也贡献中国智慧、介绍中国解决方案。该系列拟包含三个方面的研究：一是国别应急管理体系研究；二是国际组织灾害风险与应急管理研究；三是重点专题研究。

应急管理在我国是一个跨学科的新兴研究领域，实际部门的经验积累和学术界的理论研究都还比较有限。希望本丛书的出版，对我国应急管理理论研究和实践发展能起到积极的推动作用。为全面做好丛书的组织编写工作，应急管理培训中心（中欧应急管理学院）专门成立应急管理系列丛书编委会并设立由应急管理相关领域领导干部和专家学者组成的专家评审委员会。本丛书在研究和出版过程中，得到了中共中央党校（国家行政学院）领导和兄弟部门、应急管理实际部门和理论界相关人士以及出版社的大力支持和帮助。同时，由于能力和水平有限，本丛书缺点和错误在所难免，欢迎广大同行和读者提出宝贵意见，以帮助我们不断提高丛书质量。

应急管理系列丛书编委会

2019 年 5 月

《应急管理系列丛书·理论前沿》出版前言

从20世纪下半叶开始，气候变化、环境破坏、城市风险、恐怖袭击、核安全、新发传染病等非传统安全威胁，对各国政府治理体系形成了前所未有的挑战。同时，地震、洪水、火灾、山体滑坡、泥石流等传统安全威胁，对人类社会的危害也呈几何级数上升趋势，人类社会公共安全问题前所未有地进入了各国政府的重要政策议程。在苏联切尔诺贝利核电站事故发生当年，德国社会学家乌尔里希·贝克（Ulrich Beck）正式出版《风险社会：新的现代性之路》一书。他敏锐地洞察到一个全新社会形态的来临，提出了“风险社会”的概念。此后，风险、危机、公共安全和应急管理领域的理论研究呈现井喷态势，并为人们理解传统和非传统安全威胁、制定公共政策和治理措施奠定了坚实的理论基础。

中国五千年文明史就是与各类灾害突发事件顽强抗争的历史。极其严酷的自然环境，恰恰成为华夏民族生生不息的激励力量。中国历史上的灾害治理理论和实践（荒政），成为各族人民砥砺前行的强大支撑力量，也构成我们古老文明的重要组成部分。在新的历史条件下，中国经济规模日益庞大、社会发展态势向好，但面临的形势更趋复杂，自然灾害、事故灾难、公共卫生、社会安全等方面的突发事件日益增多。以2003年“非典”事件为起点，中国着手全面建立应急管理体系，直到2008年南方冰冻雨雪灾害、汶川大地震等重特大灾害接踵而至，加强应急管理理论研究已经成为现实的迫切要求。

2003年以来，中国应急管理研究主要从以下方面展开：一是围绕普适性的基础理论问题及方法论的研究，包括应急管理基本概念、体系建设、体制问题、基本流程的研究，以及情景模拟构建、动态仿真、数据挖掘、大数据等方法的研究。二是贯穿应急管理全过程的研究，包括预防（Prevention）、准备（Preparation）、响应（Response）和恢复（Recovery）各阶段涉及的指挥控制、组织协同、信息管理、危机沟通、应急保障、公众动员、志愿者管理、教育培训和应急产业与科技等主题的研究。三是涵盖多学科的交叉学科研究，主要涉及政治学、公共管理、法学、经济学、社会学、公共卫生、计算机、通信技术、机械技术等综合性、多领域、跨学科的研究。四是借鉴国外应急管理理论和实践的比较研究，主要是对美国、德国、日本、英国和欧盟各国灾害应急管理中所涉及的政府体制、志愿者、教育培训等问题的研究。五是针对重大或热点突发事件的研究，主要是对事件过程中暴露的治理问题的解决方案，进行实践性和应用性较强的对策性研究，直接服务于政府治理过程。

中共中央党校（国家行政学院）应急管理培训中心（中欧应急管理学院）承担国家应急管理人员培训基地职能。推动应急管理理论创新，是履行基地职能的基础性工作，更是对新时期政府治理要求的回应。为此，我们推出了《应急管理系列丛书·理论前沿》，旨在持续推动应急管理学术交流，促进应急管理学科健康发展，服务于中国应急管理实际。

本系列的入选著作力求体现如下特点：

一是站在应急管理理论前沿，回答重大理论与实践问题。当代风险与突发事件的发展演变规律、应急管理制度变迁逻辑、应急管理的重要方法工具、各国应急管理比较与借鉴等都是本系列的重点选题方向，有关论著将力求系统深入地回答这些问题。

二是面向应急管理实践一线，着眼重大事件的实证研究。作者根据亲身参与处置突发事件的经历或实地调研撰写的著作，将优先入选本系列。同时，本系列鼓励和支持对中外应急管理典型案例进行系统剖析和比较研究。

三是立足应急管理理论创新，构建中国特色的话语体系。入选著作以理论创新为己任，努力在继承中外已有优秀研究成果基础上，构建逻辑严密、观点新颖、用中国话语表达的理论体系。

目　录

第一章　概述

第一节　研究背景与意义

一　近年来国内外突发事件的总体发展态势

（一）近年来国外突发事件的发展态势

人类社会的发展前进从来就是不断与各种灾难斗争的历史，伴随着人类社会现代化和全球化的发展，科学技术和生产力在快速进步的同时，潜在的风险和威胁也达到了前所未有的程度。20 世纪 80 年代，德国著名社会学家乌尔里希·贝克在其《风险社会：新的现代性之路》一书中就指出，人类社会正面临着由现代化进程所带来的各类风险，而现代风险不同于传统风险，其发生频率、危害程度、影响范围、涉及领域已远远超出了个人、组织乃至某一个国家的应对能力。尤其是进入 21 世纪后，全球范围内发生的 2001 年的“9·11”事件、2003 年的 SARS 事件、2004 年的印度洋海啸、2005 年的克什米尔大地震、2008 年的美国金融危机、2009 年的 H1N1 流感大流行、2011 年的 3·11 东日本大地震、2015 年的巴黎恐怖袭击事件等一系列重大突发公共事件更是引发了人们对于风险社会的高度关注。新冠疫情的持续长期发展已经对全球经济格局、国际政治秩序带来了十分重大的冲击和影响。《全球发展报告》（2022 年）指出，当前百年变局和世纪疫情相互叠加、交织影响，世界进入新的动荡变革期，不稳定性不确定性显著提升。毋庸置疑，与传统风险相比，现代社会的风险具有更高的复杂性、人为性、全域性和极端性。

伴随着世界多极化、经济全球化、社会信息化、文化多样化的深入发展和全球生态环境的变化，全球范围内的自然灾害、公共卫生事件、安全生产事件、生态环境污染事件、网络安全事件、恐怖主义、食品药品安全事件等多类重大突发事件呈现多发、频发态势，对全球社会政治、经济、文化、法律、生态等领域造成深度冲击，且危害程度显著提升、影响范围更加广泛。达沃斯世界经济论坛发布的《2019 年全球风险报告》指出，当前全球面临的重大风险涵盖了经济、环境、地缘政治、社会、科技等各个领域，且以灾害风险最为突出。极端天气事件、气候变化减缓与调整措施的失败、自然灾害以及人为的环境灾难，不仅在发生频率和影响上均位居前十，还与大规模非自愿移民、关键信息基础设施故障、传染病蔓延等重大风险高度关联，极易诱发大规模公共危机。[①] 全球自然灾害形势依然复杂，极端灾害事件频发，而造成一次性大量人员伤亡的仍然是重大地震灾害；全球气候变化导致的极端气候和天气事件日益频发，造成的损失正不断上升，环境相关风险正严重威胁着人类社会的可持续发展；复合型灾害的影响和损失正在加重。达沃斯世界经济论坛发布的《2022 年全球风险报告》指出，未来十年发生概率最大的前五位风险分别是：极端天气事件（如洪灾、暴风雨等），气候变化缓和与调整措施失败，重大自然灾害（如地震、海啸、火山爆发、地磁风暴等），重大生物多样性损失及生态系统崩溃，人为环境损害及灾难。从世界范围来看，世界百年未有之大变局加速演进，国际体系、世界格局正在发生深刻调整，全球面临的不确定性和不稳定性日益突出，贫富分化日趋严重，保护主义和贸易摩擦不断加剧，恐怖主义、网络安全、重大传染性疾病、气候变化等非传统安全威胁持续蔓延，全球安全风险和隐患呈现新情况和新特点。以“数字技术”为重要特征的新一轮信息技术革命改变了传统的生产方式和人类的生活方式，也对各国的经济社会发展、全球治理体系乃至人类社会的文明进程具有深刻影响。人类社会正面临着前所未有的不确定性、易变性和高度的复杂性、模糊性，不断增长的各类多样化风险已成为世界各国面临的共同挑战，每一个国家、组织乃至身处其中的每一个个体都迫切需要共同应对前所未有的风险和挑战。

（二）近年来我国突发事件的发展态势

改革开放 40 多年来，我国经济社会发展取得了举世瞩目的成就，但在

① 转引自朱正威、刘莹莹《韧性治理：风险与应急管理的新路径》，《行政论坛》2020 年第 5 期。

快速发展的同时，我国社会也面对诸多方面的风险和挑战。党的十八大以来，我国经济社会发展面临的国内外形势更加复杂严峻，社会主要矛盾发生了深刻变化，已经转化为人民群众日益增长的美好生活需要和不平衡不充分的发展之间的矛盾，且发展的不平衡不充分问题比较突出，改革发展稳定任务更加艰巨。2015 年，习近平总书记在党的十八届五中全会第二次全体会议上就强调："今后 5 年，可能是我国发展面临的各方面风险不断积累甚至集中显露的时期。我们面临的重大风险，既包括国内的经济、政治、意识形态、社会风险以及来自自然界的风险，也包括国际经济、政治、军事风险等。我们必须把防风险摆在突出位置。"① 进入新时代以来，我国面临的安全风险类型更加复杂多样，各类突发公共事件易发频发，新的风险因素明显增多，传统安全问题和非传统安全问题不同程度地交织存在，公共安全风险形势更加严峻。党的十九届六中全会通过的《中共中央关于党的百年奋斗重大成就和历史经验的决议》就明确指出：进入新时代，我国面临更为严峻的国家安全形势，外部压力前所未有，传统安全威胁和非传统安全威胁相互交织，"黑天鹅"、"灰犀牛" 事件时有发生。②在自然灾害防治领域，我国幅员辽阔、地质条件复杂，一直是世界上自然灾害最为严重的国家之一，具有灾害种类多、分布地域广、发生频率高、造成损失重的特点。地震、地质灾害、洪涝、干旱、极端天气事件、海洋灾害、森林草原火灾等时有发生。其中，地震灾害风险一直较高，造成的灾害损失也非常严重，并且地震灾害风险也逐渐呈现从直接灾害向次生灾害、衍生灾害等多灾害风险演化的趋势。多发频发的自然灾害已经成为制约我国经济社会发展和民生福祉改善的重大问题。当前全球气候变暖也使得我国的极端天气、气候灾害明显增加，高温、洪涝和干旱风险进一步加剧，极端气候所带来的各种关联性影响导致各类灾害交织多发，灾害损失加重。在安全生产领域，我国当前安全生产进入平台期和瓶颈期，矿井开采、危险化学品、道路运输、建筑施工、森林等重点行业领域，重大事故时有发生，安全生产事故总量仍然偏大。特别是随着我国城市化率的不断提高，特大城市、超大城市的安全形势更为严峻。在公共卫生领域，突发急性传染病的风险日益增大，食品药品的安

---

① 《习近平谈治国理政》第 2 卷，外文出版社，2017，第 81 页。

② 《中共中央关于党的百年奋斗重大成就和历史经验的决议（全文）》，中国政府网，https://www.gov.cn/zhengce/2021-11/16/content_5651269.htm。

全基础有待提高，食品药品等涉及群众生命健康事件和生物安全事件亦不容忽视。新冠疫情在全世界的广泛传播，预示着现代人类社会已经进入了大流行病高风险期，公共卫生事件的防控难度正在增大。

此外，我国的现代化进程经历了发展速度最快、时间最短、规模最大、程度最深的过程，这一过程中逐渐积累的各方面问题也引发了新的风险类型。表现在社会安全领域，社会利益关系深度调整，诱发群体性事件的因素显著增多，特别是近几年来涉众型经济案件正处于多发高发期，维护社会稳定的任务非常艰巨。总体上来说，在全球化、市场化、城镇化、信息化水平不断提升的背景下，不同类型的安全风险之间相互交织、相互影响，安全风险的联动效应日益凸显，应急处置的难度越来越大。这些新的风险特征使得现代社会应急管理的重要性与复杂性显著增加，加强应急管理体系与能力现代化建设的紧迫性也更加凸显。党的二十大报告进一步指出："国家安全是民族复兴的根基，社会稳定是国家强盛的前提。"[①] 我国发展进入了战略机遇和风险挑战并存、不确定难预料因素增多的时期，需要解决的矛盾和问题比以往更加错综复杂，推进国家安全体系和能力现代化建设具有更加重大而深远的意义。

（三）互联网时代下的突发事件

互联网时代是一个以信息化、智能化、网络化为核心特征的创新变革的新时代，它使世界变成了一个地球村，开辟和形成了政治参与的新渠道、经济发展的新引擎、社会生活的新空间、文化传播的新途径、公共服务的新平台和国家治理的新领域。互联网时代在政治、经济、社会、文化、技术等方面表现出的新特性，使得危机表现形式与演变趋势更加复杂多样，互联网时代下的危机在频度、结构、扩散、模式和形态等方面均发生了重大变化。与传统的危机管理相比，互联网时代下的危机表现形式、演变过程变得更加复杂多样，危机发生的风险更高、影响的范围更广、处置的难度更大。在这样一个与传统工业社会完全不同的社会发展背景下，危机管理对整体性治理体系和传统管理架构都提出了新的挑战。[②]

① 习近平：《高举中国特色社会主义伟大旗帜　为全面建设社会主义现代化国家而团结奋斗——在中国共产党第二十次全国代表大会上的报告》，人民出版社，2022，第 52 页。

② 徐宪平、鞠雪楠：《互联网时代的危机管理：演变趋势、模型构建与基本规则》，《管理世界》（月刊）2019 年第 12 期。

二　应急管理的多学科研究意义

（一）理论意义

应急管理是对自然灾害、事故灾难、公共卫生事件和社会安全事件这四大类突发事件的综合管理，它是一个复杂的、开放的系统工程，是对从预防与应急准备、监测与预警、应急处置与救援到事后恢复与重建这四个阶段的全方位、全过程的管理。因此，应急管理学科的研究内容非常广泛，涉及的范围也随着实践的发展而不断拓展，与之相关的学科领域不仅有管理学、政治学、社会学和法学，还有信息科学、传播学、自然科学等，当然也离不开心理学科研究的支撑。实质上，应急管理就是一门融合了公共管理、信息科学、法学、心理学、经济学、社会学、政治学、传播学和大数据科学等多学科领域的新兴学科，具有非常突出的多学科交叉特征。这四大类突发事件涉及自然科学和社会科学的诸多不同领域，研究内容非常广泛且复杂特殊，仅借助管理学的研究成果还无法全面深入分析应急管理的全过程特性，因此，多学科、跨学科的研究是在管理学基础上对全面应急管理基础理论研究的补充、丰富和加强。

（二）实践意义

应急管理的多学科特性不仅是学科自身理论发展的必然要求，也是提升应急管理工作实践的必然要求。基于突发事件的界定，为了更加准确科学地把握四大类突发事件的规律特点，更好地应对处置各类突发事件，减轻灾害损失，做好风险防范，也离不开对突发事件生命周期相关联的诸多支撑要素的研究。因此，从管理实践的角度，也需要多学科研究成果更好地为实践工作提供管理、决策和政策支撑。

三　心理学科与应急管理学科的关联

（一）理论研究

心理学是研究人类的心理与行为的科学，心理和行为的产生不仅有其生物学的基础，还不可避免地受到特定外部环境，乃至历史、文化、社会现实的影响。而突发事件是伴随着现代社会快速发展过程中衍生出的一类特殊的社会现象，它必然也会对社会公众的心理产生不同程度的冲击和影响。

首先，突发事件的严重破坏性不仅会造成人员伤亡、经济财产损失、生态环境破坏，还会给事件波及区域的各类相关人群带来极大的心理冲击，大量案例和研究已经证实了突发事件给人们带来的潜在的精神健康问题。世界卫生组织的调查早已指出，重大突发事件发生之后，20%～40%的受灾人群会出现轻度的心理失调，他们不需要专门的心理干预，他们的症状会在几天至几周内得到缓解。而30%～50%的人会出现中度至重度的心理失调，及时的心理干预和事后支持会帮助他们的症状得到缓解。而灾难发生一年之内，约有20%的人可能出现严重的心理疾病，他们需要长期的心理干预。[①] 同时，重大突发事件影响的人群不仅仅是事件的亲历者、幸存者，还有积极参与应急救援的各类响应人员、管理人员、新闻工作者和志愿者等，以及远离事发地的广大社会公众，他们都会受到不同程度的冲击和影响，因此，心理干预工作已经成为灾难救援中的重要组成部分，对于心理危机干预的研究是灾难心理学研究的重要内容和首要基础。

其次，根据危机管理理论，应急管理是一个复杂的全过程管理体系，它不仅仅是突发事件发生后的应急处置过程，还包括预防与准备、监测预警和恢复重建这三个阶段，而这四个阶段的工作都离不开公众的积极参与和良好配合，都与公众的态度认知、情绪反应、决策行为等心理行为活动密切相关，因此，关注和研究公众在突发事件下的心理行为的表现特点和发展变化规律是有效应对危机、预防灾难发生、减少灾难损失和促进灾后恢复重建的重要保障。为此，研究突发事件生命周期中的公众心理行为特点就成为灾难心理学研究的第二层次的重要内容。

最后，由于重大突发事件的影响是全方位的，不仅影响事发地的社会经济文化等，还可能会对全社会的各领域造成影响。因此，对于突发事件下的社会心理、社会心态等方面的研究亦很重要，这也成为灾难心理学研究的第三个层次的内容。这三个层次的研究可以说构成了心理学在应急管理方面的主要研究内容和重点研究领域。

（二）实践应用

应急心理除了要加强基础理论研究外，还要重视基础研究向实践应用

---

① 刘正奎：《重大自然灾害心理援助的时空二维模型》，《中国应急管理》2012年第5期。

的转化，不仅在心理危机干预方面，还应在政府应急管理决策以及社会治理、国家治理方面发挥作用。心理学作为研究人类心理和行为的重要学科，已经有100多年的历史，而应急心理方面的研究还是一个新兴的领域，其不仅要关注灾后公众认知、情绪、行为、生理方面的表现，关注灾后心理干预方法与技术、灾后社会群体动力学的研究等，为应急管理决策提供心理学上的智力支撑，还应涉及灾后心理援助的政策与制度建设、常态下的心理健康服务以及社会心理服务体系建设等，从灾后心理的研究逐步扩展到社会治理层面，把握非常态与常态下公众的心理需求与行为变化特点，不仅要更好地为应急管理和防灾减灾工作服务，还应在更高层次上为社会治理贡献心理学的价值。

第二节 突发事件及其相关理论

一 基本概念

（一）突发事件的定义及特征

2007年颁布实施的《中华人民共和国突发事件应对法》中明确指出："突发事件，是指突然发生，造成或者可能造成严重社会危害，需要采取应急处置措施予以应对的自然灾害、事故灾难、公共卫生事件和社会安全事件。"总的来说，突发事件具有突发性、严重性、紧急性、破坏性、不确定性、社会性、决策非程序性等特点。我国将突发事件分为四大类，并且按照其社会危害程度、影响范围等因素，将事件分为特别重大、重大、较大和一般四级。《中华人民共和国突发事件应对法》中也将突发事件的发展过程分为预防与应急准备、监测与预警、应急处置与救援、事后恢复与重建四个阶段。

（二）突发事件与危机、风险

与突发事件相近或相关的概念很多，而被人们经常使用到的主要有危机和风险两个概念。"危机"（crisis）一词起源于古希腊语，是一个医学术语，是指"病情关键期"，意思是关系生死的转折点。17世纪以后，"危机"一词逐渐从医学术语扩展到更广泛的领域，其内涵和外延都有了极大的拓展。尽管政治家和学者们给危机下的定义有 100 多种，但目前还未形成一个一致的界定。一般倾向于从两种视角看待“危机”，一种是从“过程”的角度，认为“危机”是一种非常状态，另一种是从“事件”的角度，认为“危机”是指一起或一系列紧急事件。危机管理研究的先驱、美国国际政治学家查尔斯·赫尔曼认为，危机是威胁到决策主体优先目标的一种状态，在这种状态下，决策主体做出反应的时间非常有限，且形势经常会向使决策主体感到意外的方向发展。荷兰著名危机管理学者乌里尔·罗森塔尔则认为“危机就是对一个社会系统的基本价值和行为准则架构产生严重威胁，并且在时间压力和不确定性极高的情况下，必须对其做出关键决策的事件”。① 这一定义倾向于从过程角度对危机进行解释，也是目前国内采用较多的定义，它突出了危机的三个重要特性，即威胁性、不确定性、紧迫性。对于危机形成发展的过程，美国危机管理专家斯蒂文·芬克提出了危机传播的四阶段模型：危机潜伏期，即危机处在逐渐量变阶段，不易被察觉；危机突发期，危机事件突然爆发，是对社会冲击最强、危害最大的阶段；危机蔓延期，危机事件持续发酵、影响逐渐扩散的阶段；危机解决期，危机事件得到解决、影响消除的阶段。②

另一个与“危机”非常相近的概念就是“风险”。风险最初是保险学中的一个基本概念，后来逐渐纳入社会学和管理学范畴。“风险”与“危机”既有区别又有联系。一般认为，风险是指带来损失的可能性和不确定性，它主要涉及两个基本要素，即不利的后果与可能性。不利的后果既包括可能产生的客观损失，如人员伤亡、经济财产损失、环境破坏等，也包括可能造成的主观影响，如社会影响、政治影响、公众心理影响等。随着风险研究的深入，也有学者提出风险的第三个维度，即风险的感知力，不同群体对风险的感知判断是不同的。而危机则是这种可能性和不确定性转变为现实后造成的真实的损失，这种损失会打破社会系统的有序性，扰乱人们的正常生活，是一种已经明确发生的损失。因此，风险是危机的前期形态，是潜在的、可能的危机，如果任其发展，最终必然会转化为危机。而危机是风险的后期表现结果，从因果关系的角度来看，风险与危机是一个“连续体”。

---

① 转引自杨安华《近年来我国公共危机管理研究综述》，《江海学刊》2005 年第 1 期。

② 转引自胡灿东《几种危机管理理论之比较及其借鉴意义》，《东岳论丛》2015 年第 12 期。

（三）应急管理

应急管理作为一个理论范畴形成于20世纪80年代，早期有学者将应急管理定义为一种发展和执行，包括减灾、备灾、响应和恢复等功能在内的政策的过程。2001年发生的“9·11”恐怖袭击事件引发了学者们对应急管理的广泛关注，应急管理内涵得以深化和拓展。美国联邦应急管理署（FEMA）将应急管理的对象扩展为会产生危险影响的所有事件。国内学者大多将应急管理的核心工作定位在对突发事件本身的干预和控制上。[①] 实质上，应急管理是为了应对突发事件而开展的一项管理活动，目的是保障公共安全，避免或减少因突发事件造成的生命、财产损失和社会秩序的混乱。也有学者提出，应急管理应有广义和狭义之分，[②] 广义的应急管理是指国家、政府和其他公共组织为了应对突发公共事件，在突发事件的减缓、准备、响应及恢复四个阶段中，协调各种物资、资金、人力、信息和制度等资源，实行全过程、全方位的动态管理的一系列活动。而狭义的应急管理主要是指在突发事件的应急响应阶段，调动所需的物资、资金、人力、信息和制度等资源，以控制突发事件的蔓延和减少损失所开展的动态管理活动。总之，根据《中华人民共和国突发事件应对法》的规定，突发事件包括四大类事件，因此，应急管理首先是对四大类突发事件的综合管理，同时，它又是一个复杂开放的系统工程，涵盖了预防与应急准备、监测与预警、应急处置与救援、事后恢复与重建这四个阶段的全生命周期的管理活动。

二 突发事件相关理论

（一）风险社会理论

德国社会学家贝克首先于20世纪80年代在其《风险社会：新的现代性之路》一书中提出了“风险社会”的概念，他认为随着科学技术的高速发展和全球化的发展，人类社会已经进入了一个全新的“风险社会”时代。与传统风险相比，现代风险不论是其本质、表现形式还是其影响范

① 王燕青、陈红：《应急管理理论与实践演进：困局与展望》，《管理评论》2022年第5期。

② 陈新平：《公共应急管理文献综述》，《中国管理信息化》2016年第7期。

围，都将更加难以预测和防范，现代风险将造成极为深刻和巨大的破坏影响。贝克指出，现代人正生活在文明的火山口上，风险已经成为现代人生活的组成部分，现代社会所孕育的风险是现代化进程中理性的发展和进步所必然导致的产物和困境。风险社会理论不仅向人们揭示出一幅充满风险的社会图景，更是从社会学层面对现代性进行了反思和批判。

贝克更多的是从科技进步、全球化角度对风险社会进行了分析，而风险社会理论的另外两个代表人物吉登斯和拉什则分别从制度和文化角度来研究风险社会。英国社会学家安东尼·吉登斯认为现代风险来自资本主义生产方式对自然的破坏和对人的精神领域的侵害，社会制度的建立给现代风险威胁下的人们提供了安全保障，他是从制度化风险视角来反思现代化的。[①] 他认为现代社会中的严重风险主要是由这四个制度带来的，如资本主义引发的经济增长机制的崩溃；工业化导致的生态环境的恶化；现代性发展导致的极权主义；军事力量引发的战争和核危机；等等。英国学者斯科特·拉什则是从风险文化的角度来解释风险社会，他认为社会结构的变革和变迁，或是经济领域的变化，是风险文化上升的重要基础。人们不能仅从自然风险的角度来评判当前所面临的风险是否大大增加了，还要从社会结构的角度，从个人主义消涨的角度，从国家所面临威胁的角度[②]，总之，更多的是从社会文化的角度去判断人们所面对的大大增加的风险。

（二）社会冲突理论

社会冲突理论是20世纪60年代后期出现在美国及西欧一些国家的理论思潮，其主要代表人物是科塞和达伦多夫。该理论产生的时代背景是第二次世界大战结束后，发达资本主义国家通过科技进步带动了社会经济的繁荣发展，但同时也导致社会的阶层结构、经济结构和价值观念等发生了重大变化，引发了一系列新的社会问题和社会矛盾，出现了新的社会危机。科塞认为社会系统运行过程中不可避免地会出现紧张、失调或利益冲突等，这些冲突是关于价值以及对稀有的地位、权力、资源的要求之争。[③]

---

① 转引自郭群英、夏雪《西方风险社会理论的主要流派及其审思》，《湖北行政学院学报》2023年第5期。

② 周战超：《当代西方风险社会理论引述》，《马克思主义与现实》（双月刊）2003年第3期。

③ 柴明辉：《社会冲突理论述评》，《管理观察》2018年第12期。

冲突的产生不仅仅是因为对稀有资源的争夺，还因为对该资源的占有或使用的相关规则有异议。[①] 如果一个社会无法有效处理敌对情绪，特别是当敌对情绪超过社会系统的耐压能力时，系统就可能解体。为了将破坏性冲突控制在社会可承受的限度之内，就需要一种社会安全阀机制。社会安全阀的功能是通过为社会成员累积的敌意和攻击性情绪寻找替代目标和替代手段而实现的。[②]

（三）突变理论

量变和质变是辩证法的基本规律之一，是自然界一切事物发展变化过程中的普遍规律，当量变积累到一定程度时，就会发生质的飞跃。人们尝试通过数学理论来研究和描述这种突变现象，所谓突变是指在系统演化过程中，某些变量的连续逐渐变化最终导致系统状态的突然变化，即从一种稳定的状态飞跃到另外一种稳定的状态。[③] 这种突然变化不是微小的波动，而是巨大的、特征明显的、具有决定意义的突然变动。突变理论（Catastrophe Theory）是由法国数学家勒内·托姆（Rene Thom）于 20 世纪 60 年代中期提出的，用于研究动态系统在连续发展过程中出现的突然变化现象，来解释突然变化与连续变化因素之间的关系。[④] 突变理论提供的这种研究不连续性和突然质变的普遍适应的方法，可以在生物学、物理学、化学、医学和人文社会科学等领域中广泛应用。各类突发事件的发生就具有非常明显的突变特征，表现为一个稳定的社会状态经历了一定时间的能量累积之后在某一诱发时刻发生突变，进入一个不稳定的状态，引发了新的突发事件。

（四）安全流变—突变理论

安全是人类生存和发展的最基本需要之一，在人类的所有活动中都存在安全问题。任何事物的发生和发展都始终贯穿着安全和不安全这一对矛

---

① 尹新瑞、王美华：《科塞社会冲突理论的缘起、内容与逻辑》，《理论月刊》2018 年第 7 期。
② 张锋、宋瑭杰：《论社会安全阀机制与风险社会治理》，《企业导报》2012 年第 5 期。
③ 丁庆华：《突变理论及其应用》，《黑龙江科技信息》2008 年第 12 期。
④ 孙康、程泽军、刘德海：《非常规突发事件演化机理研究：以化工事故引发的群体性事件为例》，《电子科技大学学报》（社科版）2012 年第 12 期。

盾。一个事物从诞生到消亡就是一个“安全流变”过程。[①] 安全流变—突变理论是由学者何学秋首先提出的，他认为事物的安全状态是相对的，危险状态是绝对的。安全和危险状态受内因和外因共同影响，并在一定条件下相互转化，基于这一规律，建立了物理模型和数学模型。这一理论在工程实践领域和社会科学领域都得到了很好的验证。[②] 该理论指出任何事物的发展都要经历由量变到质变的过程，在事物诞生的初期阶段，事物在内外因的共同作用下会随着时间变化出现减速递增的损伤，内部出现新的秩序并不断完善。当事物发展到成熟阶段，事物的损伤量会出现匀速缓慢的增加。经过一段时间后，新的秩序继续向无序发展，事物损伤量会加速增大。当事物的损伤量超过该事物承受极限时，事物就会发生突变，原来的秩序被打破，事物又会回到一个新的安全状态。[③] 这一理论揭示了物质世界是在安全到不安全的无限循环中存在和发展的，是安全科学的本质规律。

三　危机管理相关理论

（一）危机管理理论

美国危机管理专家罗伯特·希斯在《危机管理》一书中提出了危机管理的4R模型，指出危机管理是由危机缩减（Reduction）、危机准备（Readiness）、危机响应（Response）和危机恢复（Recovery）四阶段构成。[④] 罗伯特·希斯的4R危机管理理论最先适用于企业组织的风险防控分析，但其对风险全过程的细致分析覆盖了突发风险的整个生命周期，对于其他领域的危机管理与实践也具有较强的适用性。[⑤] 该理论是根据危机发生演变消除的全过程，分别采取不同的危机管理行动，以减少危机带来的

---

① 张力、何学秋：《安全流变理论及其在煤矿事故中的应用》，《中国安全科学学报》2001年第1期。

② 朱正中：《运用安全流变—突变理论研究心理学的思考》，《山西高等学校社会科学学报》2013年第3期。

③ 赵鹏飞、贺阿红、裴子平：《基于流变—突变理论的城市突发事件群体心理发展规律研究》，《科技和产业》2020年第12期。

④ 转引自薛澜、张强、钟开斌《危机管理——转型期中国面临的挑战》，清华大学出版社，2003，第45页。

⑤ 转引自李全利、周超《4R危机管理理论视域下基层政府的危机应急短板及防控能力提升》，《理论月刊》2020年第9期。

影响，并积极应对已发生的危机使社会系统快速恢复，是包含了对危机事前、事中、事后所有方面进行管理的理论。

危机缩减是危机管理的首要环节，主要是通过风险评估、系统要素优化、人员培训等手段来降低危机发生的可能性和冲击力。危机准备是危机管理中的防范环节，主要是通过建立完善的危机预警系统、形成危机应对预案、开展培训和演练等手段来不断提高组织及人员的危机应对能力。危机响应是危机管理过程中的关键环节，是指当危机发生时能够快速决策、组织协调相关人员和物资，遏制危机扩散，以应对和化解危机所采取的一系列管理措施。危机恢复是危机管理的后续工作，主要是指在危机响应结束后，为降低事件的后续影响，进行总结反思，为今后的危机管理实践提供借鉴。上述这四个阶段紧密相扣、相互作用，组成了完整的危机管理体系，同时这也是一个动态的循环过程，符合危机发展的根本规律。

（二）韧性理论

韧性（Resilience）一词最早使用在物理学领域，是指材料受到外力发生变形后的“恢复力”。加拿大生态学家霍林（Holling）首先将这一概念引入生态学领域，是指生态系统在受到外界影响或冲击后，恢复稳定并保持系统正常运行的能力。[①] 经过 40 多年的发展，“韧性”一词已经在工程学、生态学、组织心理学、公共管理、经济学、灾害管理、城市治理等领域广泛使用，尤其在防灾减灾学领域逐渐衍生出韧性城市、韧性社区等概念。联合国减灾办公室（UNDRR）认为：“韧性是一个系统、社区或者社会暴露于危险中时能够及时通过有效方式进行抵抗、吸收、适应并从其影响中恢复的能力”[②]，有学者将其拓展为防御风险的冗余能力、抵抗风险的反应能力、不断调整的适应能力和不断反思的学习能力。2016 年联合国住房与城市可持续发展大会提出要加强应急管理领域的韧性理论研究，关注社会系统在突发事件冲击中的抵御力，保持自身发展

---

① 庄国波、曹玮桐：《基于韧性理论的突发事件应急通信保障体系构建研究》，《南京邮电大学学报》（社会科学版）2021 年第 4 期。

② 转引自徐媛媛、倪家乐《基于韧性理论的突发公共卫生事件预警机制构建》，《江苏师范大学学报》（哲学社会科学版）2022 年第 4 期。

活力的适应力以及未来可持续发展的恢复力[1]，这些能力的建设始终应贯穿在灾害风险管理的全过程中。

四 公共管理相关理论

（一）系统管理理论

系统管理理论是运用系统论、信息论、控制论原理，全面分析和研究组织结构、机制与活动，从而改善管理体制，实现管理优化，提高管理效率的管理理论，产生于20世纪70年代。这一理论是由卡斯特、罗森兹威克和约翰逊等美国管理学家在一般系统论的基础上建立起来的。该理论认为一切事物都是以系统的形式存在的，系统是由相互作用和相互依赖的若干组成部分结合而成的有机整体。通过分析总体与管理要素、管理要素之间的作用来研究如何合理配置管理要素以达到组织目标的过程。[2] 系统管理理论是将一般系统理论应用到组织管理之中，同时吸收多个理论学派的优势，试图建立通用的模式，来系统解决管理问题的理论体系。它为人们全面认识管理活动提供了新的视角，即通过系统观，来理解管理的整体性以及整体与各个子系统之间的相互关系。

（二）新公共服务理论

20世纪70年代以来，各国政府为了应对经济滞涨带来的财政危机，为了赢得民众对政府的信心，都通过采取大规模的政府改革来提高政府管理绩效和公共服务水平。新公共服务理论就是在批判继承传统公共行政和新公共管理理论的基础上建立起来的，是以美国著名公共行政学家罗伯特·B. 登哈特为代表。新公共服务理论更加重视以民众为中心，提倡公共利益、公民权利、民主程序、公平和公正、回应性等基本理念[3]，强调对民众的服务，重视民众的价值，认为政府公务员就是民众的公仆，政府应通过榜样、说服、鼓励或授权的方式来实施多元主体的共同管理和领导，

---

① 转引自庄国波、景步阳《人工智能时代城市的“韧性”与应急管理》，《南京邮电大学学报》（社会科学版）2019年第4期。

② 转引自王婷等《系统管理理论视角下突发公共事件中学生管理模式的探索》，《医学教育管理》2022年第4期。

③ 转引自金莲《新公共管理理论与新公共服务理论对我国政府改革的启示》，《企业研究》2011年第8期。

其实质就是要实行“以人为本”的政府治理模式。政府的角色从以前的掌控者、管理者转向了服务者和参与者，政府的作用就是集中相关利益方通过协商和谈判来理性地解决公共问题。政府的主要功能是在维护公共利益的基础上，努力营造一种宽松的环境，鼓励民众开展平等对话，自由表达共同价值，从而实现公共利益目标。

（三）整体性治理理论

整体性治理理论由英国学者希克斯于 1997 年首先提出[①]，是西方公共治理五大前沿理论之一。在经济全球化、信息网络技术广泛应用、意识形态多元化的背景下，国家治理和政府治理都面临着巨大压力。传统官僚制的组织运作模式导致政府机构各自为政，公共服务具有分散性、不连贯性和碎片化等特征，造成资源的极大浪费，为此，希克斯认为政府的组织结构要进一步优化，应加强机构和部门之间的协调和整合，形成跨国家、跨层级和跨职能的整体性治理。该理论基于风险社会背景，以满足公众需求为主导理念，重视信息技术的作用，以协调、整合和责任感为治理策略，促使多元化的治理主体协调一致，促使不同层级、不同功能的部门能够有机整合，并且能够相互支持和补充，以构建整体型政府治理的新模式。

（四）协同治理理论

协同治理理论是自然科学中的协同论和社会科学中的治理理论相结合的一种新兴的交叉理论。协同论是德国著名物理学家赫尔曼·哈肯在 20 世纪 70 年代创立的，协同即协调合作的意思。协同学是研究由性质完全不同的大量子系统，例如电子、原子、分子、细胞、神经元、器官、动物乃至人类，是怎样通过自组织的方式合作，从而在宏观尺度上形成空间、时间或功能有序的结构。[②] 协同学对于系统结构这种普遍规律的研究使得它不仅在自然科学领域，还在社会科学领域得以广泛应用。治理（Governance）一词原来是指与国家公共事务相关的管理活动或者政治活动，是控制、操纵和引导的意思。20 世纪 80 年代以来，许多国家的公共事务管理出现了

---

① 转引自曾凡军、韦彬《后公共治理理论：作为一种新趋向的整体性治理》，《天津行政学院学报》2010 年第 2 期。

② 转引自李汉卿《协同治理理论探析》，《理论月刊》2014 年第 1 期。

很多问题，仅依赖政府这一单一主体是不能有效解决日益复杂的社会管理问题，为此，联合国全球治理委员会指出，治理是各种公共的或私人的个人和机构管理其共同事务的诸多方式的总和，它是使相互冲突的或不同的利益得以调和并采取联合行动的持续的过程。[①] 同时，学者们也为治理赋予了新的内涵，认为治理是政府部门和非政府部门，如私营部门或公民个人等众多公共行动主体彼此合作，在相互依存的环境中分享公共权力，共同管理公共事务的过程。[②] 应该说，协同治理是一种新型治理方式，其目的是更好地实现有效治理，最大限度地统筹公共资源，强调多元行为主体通过协商、协调、协作等方式，不断实现治理效果的优化和各方的共赢。协同治理理论是公共管理理论发展的新阶段，对于开放系统下的社会多元主体的协同发展意义重大。

（五）元治理理论

20 世纪后期，资本主义在繁荣发展的同时，市场失灵和国家凝聚力下降的问题日益突出，给国家治理带来了许多新的问题，为了从理论和实践层面寻求解决之道，元治理理论应运而生。它是伴随着治理理论的发展而产生的，是英国的马克思主义政治学家鲍勃·杰索普（Bob Jessop）于 1997 年提出的。元治理实质上是对治理过程本身的一种再治理，力求在管控和自治之间寻求一种动态的平衡关系。元治理的功能是提供能够促使社会各方力量重新协调运作的各种机制，而不是采取强制性的措施。为此，杰索普提出了四种元治理的模式，即元交换、元团结、元组织和元异质。[③] 元治理的最终目的不是解决某一矛盾或问题，而是关注于治理制度的再设计和反思，以优化和提升不同协调方式的治理效果。尽管在社会治理中还应考虑到市场和民间组织等的作用，但国家和政府在治理中仍然发挥着更加重要的作用，是元治理的主体，而不应被弱化。政府是相关政策的主要制定者，应提供治理的基本规则和秩序监管；政府也是社会系统和社会凝聚力的整合者，更是制度创新和组织创新的领导者。

---

① 转引自徐嫣、宋世明《协同治理理论在中国的具体适用研究》，《天津社会科学》2016 年第 2 期。

② 徐嫣、宋世明：《协同治理理论在中国的具体适用研究》，《天津社会科学》2016 年第 2 期。

③ 郭丁：《鲍勃·杰索普的元治理理论探析》，《山东社会科学》2022 年第 1 期。

第三节　心理危机干预及相关理论

一　基本概念

（一）心理危机干预

从心理学角度来看，心理危机是指个体心理的一种失衡状态，当个体遭遇到重大生活事件或精神压力时，感到事件远远超出了自己现有资源及以往的应对机制时，内心紧张会不断积累，原有的心理平衡被打破，认知行为出现暂时性障碍的心理困扰状态。美国心理学家卡普兰从1964年开始对心理危机进行系统研究，他认为心理危机是当一个人面临困境时，而他先前处理危机的方式和惯常的支持系统不足以应对眼前的处境，即他须面对的困难情境超过了他的能力时，这个人就会产生暂时的心理困扰，这种暂时的心理失衡状态就是心理危机。① 心理学家布拉默将心理危机分为三类：发展性危机、境遇性危机和存在性危机。② 2003年，美国心理学家克里斯蒂·凯恩（Kristi Kanel）对心理危机的实质和发展过程进行了更为深入的分析，他认为心理危机的实质涉及三个基本部分，即发生的危机事件；个体感受到危机事件并因此痛苦；之前解决问题的方法对目前的问题解决无效，从而引发个体认知、情感和行为方面的功能失调。③ 研究表明，心理危机的发展一般会经历冲击期、防御期、解决期和成长期四个阶段。

心理危机干预是指针对处于心理危机状态的个人或群体及时提供适当的心理干预和心理支持，通过调动他们自身的潜能来重新建立或恢复到危机爆发前的心理平衡状态，获得新的技能，以预防心理危机的发生。④ 危机干预的目的就是帮助受危机事件冲击的人员恢复适应水平，防止或减轻心理创伤潜在的负面影响，帮助个体学会新的应对技巧，促进个体心理恢

---

① 转引自李建明、晏丽娟《国外心理危机干预研究》，《中国健康心理学杂志》2011年第2期。

② 转引自赵映霞《心理危机与危机干预理论概述》，《安徽文学》2008年第3期。

③ 转引自赵映霞《心理危机与危机干预理论概述》，《安徽文学》2008年第3期。

④ 王璐、赵静、徐艳斐：《心理危机干预的研究综述》，《吉林省教育学院学报》2011年第9期。

复甚至超过危机前的功能水平。

（二）突发事件心理危机干预

前已述及，伴随风险社会的到来，各种突发事件正日益频发。重大突发事件发生后，不仅会造成大量人员伤亡、经济财产损失、生态环境破坏，还会给事件波及区域的各类人员带来深刻而持久的心理影响，引发心理危机。世界卫生组织指出，重大突发事件发生后，有30%~50%的人会出现中度至重度的心理失调，他们需要及时的心理干预和事后支持；还有大约20%的人可能会出现严重的心理疾病，他们则需要长期的心理干预。因此，突发事件中的心理危机干预已经逐渐成为全世界关注和重视的课题，而完整的应急管理体系和救灾行动不仅仅是生命救援和物质救援，还应包括心理援助和心理干预。突发事件心理危机干预主要是指向受到重大突发事件影响的人员提供紧急心理援助，帮助他们恢复各项适应功能，预防和缓解心理创伤带来的各种可能的消极后果。① 同时，心理危机干预的目的还在于激发个体的内在潜能，增强面对挫折和灾难的能力，培养积极乐观的心理品质，以促进受灾人员能够顺利完成心理重建。与常态下的个体心理危机干预相比，突发事件心理危机干预面对的人群数量多、规模大、情况复杂、干预周期长，因此，对从事突发事件心理危机干预的人员的专业素质和相关资质都有很高的要求。

二 心理危机干预基本理论

（一）平衡/失衡模型

此模型认为当人们处于危机状态中时，人们的心理或情绪会处于一种失衡状态，在这种状态之下，通常的应对机制和解决问题的方法不能发挥作用，平衡模型的目的就在于帮助人们恢复到危机前的平衡状态。该模型适用于危机的早期干预，干预重点在于稳定危机当事人的情绪。

（二）认知模型

此模型认为危机源于个体对于与危机相伴相生的事件或情境的错误思

① 程奇：《国外灾难心理危机干预研究综述》，《福建医科大学学报》（社会科学版）2009年第2期。

维，而不是源于事件或情境本身，危机干预的目的在于帮助当事人认清危机事件或危机情境本身，改变他们对于危机事件或危机情境的看法和信念。通过认识并反思自己思维中的非理性成分，将思维集中于理性的或自我增强的部分，从而促使思维朝着一个积极的良性方向循环发展。该模型适用于危机进程的中期，此时当事人的情绪已基本稳定。

（三）心理—社会交互模型

此模型认为个体的发展是遗传基因与特定社会环境中的学习经验相互作用的结果，因此，危机既可能与内部因素如心理因素有关，也可能与外部因素如同伴、家庭、社区、社会文化等环境因素有关。危机干预的目的在于帮助当事人分别评估内部因素和外部因素的影响程度，帮助他们适当调整当前的行为、态度、应对机制等，并充分利用各种外部资源和社会支持等，来提升他们对生活的自主控制能力。该模型适用于情绪比较稳定的当事人。

（四）生态系统模型

生态系统模型是以布朗芬布伦纳的关于人类发展的生态系统理论为基础的。生态系统理论将整个环境划分为五个环境系统，即微观系统、中观系统、外系统、宏观系统以及时间系统。微观系统是个体直接生活于其中的生活环境，如个体的家庭、朋友、同事、伙伴、学校、邻里等。中观系统是指构成微观系统的各成分与构成宏观系统的各成分之间发生相互沟通的渠道、通路或是相互作用的中介环节，即个体与群体进行信息传递的沟通网络。外系统是指人体生存的更广泛的社会背景，如个体之外的群体等。宏观系统是指更为广泛的涉及国家层面的外部环境和全部社会文化等，如传统习惯、宗教信仰、道德观念、历史文化等。时间系统是指时间因素对事件过程所产生的动力影响。此模型强调事物是随着文化和环境的改变而发生急剧变化，例如世界范围内频繁发生的各类突发事件，其影响已经超越了个人本身而渗透到社区、地域甚至国家，虽然事件造成的物质损失可能是局部的，但危机当事人所处的整体环境都受到了巨大的影响，因此，危机干预不再是危机干预者与危机当事人简单的一对一关系，而应考虑群体水平上与整个生态系统的政治、文化、环境及社会现实的互动反应。同时，在危机事件发生发展的不同阶段，当事人的需求和心理反应也是不同的，为此，危机干预的目标，就是对个体、群体、社区等提供支持，以创造出有利于充分调动个体、群体、社区等的能动性和发展潜能的环境条件，从而使危机事件得到控制，使当事人重新恢复平衡状态。

（五）危机干预的多元文化论

不能忽视的是人类个体是生活在一个由多元文化组成的外部环境中，对于生长在不同文化背景下的当事人，他们有着不同的文化传统习惯和宗教信仰，也有着对于灾难事件的不同解释和信念。如果不能理解不同文化背景下当事人的世界观，可能会导致危机干预者做出错误的解释、判断和结论，采用不利于当事人的干预策略。因此，危机干预必须要把多元文化的观点考虑在内，采用与不同文化背景相适应的危机干预策略才能更有效地帮助当事人。

第四节　研究综述

一　我国应急管理研究进展

20 世纪 80 年代以来，随着全球化、现代化进程的加快，以及新兴科学技术的迅猛发展，人类社会已经进入高度不确定和高度复杂的“风险社会”时代，人类社会所面临的各类风险和突发事件日益频繁，应急管理应时而生，成为全球治理以及政府治理的重要问题。我国不仅是世界上受自然灾害影响最为严重的国家之一，还正处于经济社会深度转型调整期，因此，应急管理更是我国政府治理与和谐社会建设的重要工作，关于这一领域的研究也在实践的推动下蓬勃发展。2003 年的“非典”事件对我国的公共卫生体系造成巨大冲击，是促进我国应急管理发展的重大转折性事件。这一事件推动了我国应急管理工作的正式启动，应急管理体系建设由此开始，同时，应急管理领域相关研究也进入了快速发展时期。目前，学者们将我国应急管理研究大致分为四个阶段：萌芽期、快速发展期、质量提升期[①]、全面创新期。

① 高小平、刘一弘：《我国应急管理研究述评（上）》，《中国行政管理》2009 年第 8 期。

（一）萌芽期（1993～2003 年）

萌芽期是指20世纪90年代到2003年。研究者通过对“突发事件”“应急管理”“突发公共事件”等相关关键词进行检索，发现国内对应急管理的研究开始于20世纪90年代[①]，“应急”和“应急管理”这两个词首先都是出现在核事故应急处理中。这一时期我国的突发事件以自然灾害为主，自然灾害的原因比较简单，影响范围也主要局限于某一地方，因此，这一时期政府是应对突发灾害的单一主体，处置经验较少，处置措施也相对较单一。与之对应的应急管理研究主要集中于单项灾害、灾害理论、灾害保险和防灾减灾对策等方面，也主要是对概念界定、类型划分等基本问题的关注，研究内容比较单一，对于应急管理一般规律的综合性研究成果相对较少，应该说这一阶段的研究处于初期探索阶段，还未形成相关研究体系。

（二）快速发展期（2004～2007 年）

2003年“非典”事件的爆发不仅给我国的公共卫生管理体系造成了强烈冲击，还暴露出我国应急管理理念和体系能力方面存在的不足。同时，伴随着我国改革开放的不断深入，经济社会快速发展转型带来的突发事件逐渐凸显，这就使得应急管理工作成为政府治理的重要内容，而对于应急管理领域的研究也成为学界关注的重点。从政府治理角度，“非典”事件成为我国应急管理发展的里程碑事件。随后，2006年国务院颁布了《国家突发公共事件总体应急预案》；同年，国务院办公厅设置了应急管理办公室，履行值守应急、信息汇总和综合协调职能；2007年全国人大通过了《中华人民共和国突发事件应对法》。这些法规的出台和机构的设置，标志着我国应急管理工作进入了“一案三制”时代，自然灾害、事故灾难、公共卫生事件和社会安全事件被明确列为应急管理工作的主要对象。

学者们在这一时期积极开展研究，论文数量急剧增长，既有针对“非典”事件本身的研究成果，也有从整体的角度对政府的应急管理进行反思和总结。研究主要集中在“应急管理、危机管理、突发性事件”等基本概

① 杜宇飞等：《我国突发事件应急管理研究可视化分析与展望》，《中国人民警察大学学报》2022年第2期。

念的辨析、突发事件的分类分级、以"一案三制"为主要内容的应急管理体系建构，以及应急管理预警机制、应急响应机制、社会动员机制等，还有关于借鉴以美国为主的应急管理体系、社区减灾等各方面的国外应急管理经验研究，可以说，宏观层面的研究成果比较丰富。

（三）质量提升期（2008～2012 年）

2008 年国内发生了一系列重大突发事件，如 2008 年初的南方低温雨雪冰冻灾害、"5·12"汶川特大地震、贵州瓮安事件等给我国政府的应急管理实践带来了严峻挑战。我国在成功应对这一系列重特大突发事件的同时，也暴露出一些结构性问题，为此，政府和学者们在深入总结我国应急管理取得的成就和经验的同时，也从不同角度去分析存在的问题。这一时期的应急管理研究，除了在前一阶段继续发展的基础上，还表现出许多新的特点，例如从理论研究开始转向以应急管理实践为中心的应急能力建设。这一时期以"地震、机制、汶川地震、雪灾、应急物流、环境应急管理、企业管理、灾害、环境事件、电子政务"等关键词为核心，研究以汶川大地震、雪灾为代表的自然灾害等巨灾的应对机制、决策指挥机制、生命救援机制、转移安置机制、资源动员机制、社区减灾及社区应急等，并从这些主题拓展到与环境相关的应急管理，与企业相关的危险化学品管理、石油泄漏等相关突发事件的治理与风险应对，也涉及应急物流网络与救济需求等研究。① 可以说，这一时期的应急管理研究理论性越来越强，多学科融合越来越紧密，按照综合化、系统化、专业化、协同化、规范化的应急管理体系建设思路，应急管理研究也呈现向综合化方向发展的特点。还有学者从国家战略的高度，认为应急管理体制改革应与政府管理体制改革结合起来，成为政府管理创新的重要组成部分。

（四）全面创新期（党的十八大之后）

党的十八大以来，我国面临的国际国内环境正在发生深刻变化。从外部看，当今世界正处于百年未有之大变局，国际形势更加复杂多变，世界格局进入深度调整期；从内部看，国内各项改革已进入深水区，制约经济

---

① 李琼、杨洁：《重大公共突发事件背景下的中国应急管理研究（2003～2020 年）：历程、热点与展望》，《风险灾害危机研究》2020 年第 1 期。

社会发展的体制机制难题依然突出，各种可以预见和难以预见的风险因素明显增多，在国内外环境因素的交织作用下，维护国家安全和社会稳定的任务十分艰巨。在这一背景下，总体国家安全观的提出对我国应急管理研究提出了新的要求，应急管理研究必须更好地服务于现实需要。“总体国家安全观、整体性治理、应急响应、应急准备、公共安全、风险治理、大数据、社交媒体、应急预案、智慧城市、应急决策”等成为这一时期研究的关键词，研究视角也从规律总结提升至国家宏观层面的规律应用。与前一阶段关注于应急管理流程的研究相比，这一时期的研究更加全面，除应急响应、应急决策和应急处置的研究外，应急管理研究出现全流程的研究态势。突发事件的风险评估、应急预案、协同治理等受到学者的关注，如何推进应急管理体系和能力现代化建设，如何强化风险管理和安全治理研究，如何实现风险管理、安全治理和应急管理的有效衔接等问题也成为研究的重点。另外，这一阶段也呈现方法创新的特点，大数据、云计算、智慧城市、人工智能等现代信息技术及仿真建模等研究方法也开始广泛应用于应急管理研究，用于实现信息采集、集成与传播，以及基于知识元理论构建应急管理模型等，使得应急管理研究的现实应用更加深入。2018 年，应急管理部作为国务院组成部门成立，标志着我国正式进入应急工作综合管理、全过程管理和应急资源优化管理的高速发展时期，为进一步完善国家应急管理体系，国家与地方各级应急管理职能机构之间如何有效地协同治理受到学者们的高度关注。2020 年新冠疫情的发生和扩散，使得针对突发公共卫生事件的应急管理成为学术界研究的热点问题，这一年的论文数量迅速增长，成为 20 年来发文量最多的一年，是促使全球重新审视卫生应急体系和社会系统应急能力的重要契机。

二 我国突发事件心理危机干预的研究与实践进展

前已述及，重大突发事件不仅给民众造成巨大的人员伤亡和经济财产损失，还会给亲历突发事件的各类人群带来严重的个人、家庭和群体的短期和长期的心理影响，世界卫生组织则将重大灾难事件看作“一种大大超出个人和社会应对能力的、生态和心理方面的严重干扰”。[①] 一般来说，经

---

① 刘正奎、吴坎坎、张侃：《我国重大自然灾害后心理援助的探索与挑战》，《中国软科学》2011 年第 5 期。

历重大突发危机事件后，个体往往会处于一种应激状态，会出现反应异常、需求倾向异常、情绪异常、认知异常、行为异常、生理反应异常以及创伤后应激障碍等表现。而突发事件导致的亲友死亡、社会环境破坏等负面的社会心理因素也可能引发抑郁、悲伤、恐惧等情绪体验，继而引发多种精神疾病。对受影响人群提供及时有效的心理援助和危机干预，能够缓解心理失调，帮助他们恢复到正常的心理健康水平，并最终实现心灵重建。因此，心理援助与危机干预已经成为应急管理工作中必不可少的重要部分。发达国家早在20世纪90年代就开展了大量的关于灾后心理与行为的研究，相关研究机构陆续建立。与发达国家相比，我国的灾难心理研究起步较晚，心理援助的实践也是自2008年汶川大地震后正式进入公众视野。总体来看，我国突发事件心理危机干预的研究与实践发展经历了三个阶段。

（一）突发事件心理危机干预研究与实践的萌芽阶段

我国灾害心理与行为的研究工作起步较晚，开始于20世纪90年代末。张本等研究者在唐山大地震20年后对其幸存者进行了心理健康的调查研究，证实了重大突发事件会对亲历者产生持久性的应激效应，会长期地影响他们的心身健康；还调查了唐山大地震后创伤性应激障碍（PTSD）的患病率及影响因素。[①] 汪向东等研究了张北尚义地震后，PTSD的发生率及影响因素，是国内首个在自然灾害后进行急性应激障碍（ASD）和PTSD诊断评价的研究。[②] 高岚等对1998年洪水灾害后群体创伤进行了研究。[③] 赵丞智等研究了地震后17个月受灾青少年PTSD的发生率及其相关因素。[④] 宋煜青等从生物学角度，研究了张北地震后应激障碍患者神经内分泌和细胞因子的改变情况。[⑤] 董惠娟等采用问卷调查方法，提炼出自然灾害导致的灾害心理的九个方面内容。[⑥]

---

① 张本等：《唐山大地震对人类心身健康远期影响》，《中国心理卫生杂志》1998年第4期。

② 汪向东等：《地震后创伤性应激障碍的发生率及影响因素》，《中国心理卫生杂志》1999年第1期。

③ 高岚等：《对受洪灾群体创伤后应激反应的调查》，《中华精神科杂志》2000年第5期。

④ 赵丞智等：《地震后17个月受灾青少年PTSD及其相关因素》，《中国心理卫生杂志》2001年第3期。

⑤ 宋煜青等：《张北地震后应激障碍患者神经内分泌和细胞因子的研究》，《中华精神科杂志》2005年第1期。

⑥ 董惠娟等：《地震灾害心理伤害的相关问题研究》，《自然灾害学报》2007年第1期。

2003 年，严重急性呼吸综合征（severe acute respiratory syndrome，SARS）在我国突然暴发，SARS 不仅威胁着公众的生命健康，还导致人们出现极大的心理恐慌和非理性行为，这时针对 SARS 的心理危机干预研究陆续出现。钟杰等通过对 2003 年 4 月底至 6 月中旬北京“非典”心理援助热线来电的数据和内容分析，总结出“非典”流行期间公众心理的变化特点，经历了恐慌期、烦闷期和恢复期三个时期，为建立健全国家灾难及危机心理干预系统提供了依据。[①] 樊富珉探讨了 SARS 危机下人们出现的身心反应以及危机可能引发的后果，提出了危机干预的方法、过程，初步构建了危机干预的模式。[②] 钱铭怡等研究了“非典”疫情发展的不同阶段，北京人对 SARS 的应对行为、认知评价和情绪状态的变化，这些变化也符合人们在面对突发应激性事件时的心理发展规律。[③] 相关学者研究了 SARS 疫情期间公众的心理问题和疫情发展不同阶段公众心态的变化特点，发现整个疫情期间，公众的情绪问题最为突出。随着疫情的缓和，公众对于疾病本身的关注减少，而对与疫情有关的社会生活问题关注增多。针对突发公共卫生事件，及时开通心理咨询热线电话是非常必要的。[④] 李吉欣分析了 SARS 对军人心理的影响、心理危机产生的原因，提出了建立军人心理危机的干预机制。[⑤] 王择青等对 SARS 患者进行临床心理干预后，发现在对 SARS 患者进行医学治疗时，心理干预是必需的；电话咨询、文字材料自我调适、面对面危机干预这三种干预方式的结合使用，效果最好。[⑥] 张黎黎等介绍了美国重大灾难及危机的国家心理卫生服务系统。[⑦] 傅小玲等研究发现 SARS 一线医护人员的心理健康水平低于地方常模，心理干预对于维护身心健康具有积极效果。[⑧] 同

---

① 钟杰、钱铭怡、张黎黎：《“非典”心理援助热线来电初步分析报告》，《中国心理卫生杂志》2003 年第 9 期。

② 樊富珉：《SARS 危机干预与心理辅导模式初探》，《中国心理卫生杂志》2003 年第 9 期。

③ 钱铭怡等：《不同时期北京人对 SARS 的应对行为、认知评价和情绪状态的变化》，《中国心理卫生杂志》2003 年第 8 期。

④ 王一牛等：《SARS 流行期间热线电话心理咨询应用评估》，《中国行为医学科学》2003 年第 5 期。

⑤ 李吉欣：《SARS 流行与军人心理危机干预》，《海军医学杂志》2003 年第 3 期。

⑥ 王择青等：《SARS 患者临床心理干预模式及疗效评估》，《中国心理卫生杂志》2003 年第 9 期。

⑦ 张黎黎、钱铭怡：《美国重大灾难及危机的国家心理卫生服务系统》，《中国心理卫生杂志》2004 年第 6 期。

⑧ 傅小玲等：《心理干预对 SARS 一线医护人员心理健康的影响》，《解放军医学杂志》2005 年第 5 期。

时，研究者也对SARS疫情下公众的心理特点开展了许多研究，为有针对性地开展心理危机干预工作提供了支持。例如，时勘等研究了我国民众对SARS信息的风险认知及心理行为特点，发现与自身关系越密切的突发事件，越会引发人们的恐慌，而与事件的危险性无关。个体的风险认知水平越高，感到的风险越大，内心越容易产生恐慌感，对心理健康和应对行为也会产生一定的消极影响。① 谢晓非等研究了SARS危机中公众心理恐慌的影响因素、传播规律和产生原因，指出个体对SARS相关知识的了解、风险特征、意愿程度、从众行为以及家庭依赖等因素在一定程度上可以预测个体的心理状态。② 童辉杰调查了"非典"疫情下公众的应激反应模式，发现"SARS"应激反应是一种特异的、急性的反应，与日常的抑郁、焦虑情绪障碍有所不同，恐慌是"SARS"应激反应中最重要的内容。高应激反应者具有高恐慌、高抑郁、焦虑和低社会支持的显著特征。③

我国突发事件后心理危机干预的实践最早开始于1994年新疆克拉玛依大火，这起严重的火灾事故造成了巨大的人员伤亡。火灾事故发生三周后，受原卫生部和当地政府的委托，北京大学精神卫生研究所派心理专家，对遇难者家属和幸存者进行了为期两个月的心理危机干预。之后，在1998年长江流域大洪水，1998年张北地震，2000年洛阳火灾，2002年大连"5·7"空难，2003年"非典"疫情、重庆井喷事件，2004年包头空难等事件发生后都有心理学工作者介入开展心理危机干预工作。

在我国心理危机干预实践初步尝试的同时，各地区的心理危机干预机构也陆续成立，2000年杭州市成立了"杭州心理危机研究与干预中心"，提供心理危机预防和干预的社会服务，成为国内首家"由政府牵头、社会参与、统一指挥与协调、科学全面实施"的心理干预机构。2004年，上海成立了心理危机干预中心。2006年，广东精神卫生研究所作为全省首个试点单位，对突发事件中的受害者进行心理疏导、电话咨询、筛查治疗。2007年，由心理学、精神病学、社会学专家发起，公立医院、精神卫生机构、高等院校、民间咨询中心、新闻媒体组成的"广东心理危机干预联盟"成立，并拟定了《广东省灾后精神卫生干预预案》。

---

① 时勘等:《我国民众对SARS信息的风险认知及心理行为》,《心理学报》2003年第4期。

② 谢晓非等:《SARS中的心理恐慌现象分析》,《北京大学学报》(自然科学版)2005年第4期。

③ 童辉杰:《"非典(SARS)"应激反应模式及其特征》,《心理学报》2004年第1期。

这一时期，涉及心理危机干预的相关文件也陆续出台。2002 年，卫生部、民政部、公安部和中国残疾人联合会联合印发了《中国精神卫生工作规划（2002－2010 年）》，其中明确规定：建立国家重大灾害后精神卫生干预试点，开展受灾人群心理应激救援工作。到 2005 年，重大灾害后干预试点地区受灾人群获得心理救助服务的比例达 20%；到 2010 年，重大灾害后受灾人群中 50% 获得心理救助服务。[①] 2004 年，卫生部、教育部、民政部、公安部、司法部、财政部、中国残联联合下发《关于进一步加强精神卫生工作的指导意见》，要求加快制定灾后精神卫生救援预案，并从组织、人员和措施上提供保证；要积极开展重大灾害后受灾人群心理干预和心理应激救援工作。2006 年，国务院出台的《国家突发公共事件总体应急预案》中规定："对突发公共事件中的伤亡人员、应急处置工作人员，以及紧急调集、征用有关单位及个人的物资，要按照规定给予抚恤、补助或补偿，并提供心理及司法援助。"2007 年底，浙江省颁布了《浙江省突发公共事件心理危机干预行动方案》，成为我国地方政府开展心理危机干预的首个行动方案。

（二）突发事件心理危机干预研究与实践的发展阶段

2008 年汶川大地震是新中国成立以来发生的最为严重的自然灾害，人员伤亡严重，受影响人群广泛。这一重大自然灾害直接引发了国内学者对突发事件心理行为影响和实施灾后心理援助的大量研究。重大突发事件后主要引发的心理影响就是 PTSD，汶川大地震后，中国科学院心理所、同济大学、第二军事医科大学的研究人员对震区的成人幸存者、青少年儿童、参与救援的医务人员等进行了关于 PTSD 的较大规模地流行病学调查，应该说这也是我国第一次比较大规模地研究灾后心理创伤的发病率，为我国灾难心理学的研究提供了基础数据。中国科学院心理所对 PTSD 和 ASD 的症状进行了研究，提出了两种应激障碍各自的四因素症状模型。四川大学华西医院对灾后 PTSD 患者的认知神经功能、中国科学院心理所对灾后幸存者的心理神经免疫系统都进行了研究。这一时期，研究者对于不同人群的灾后心理症状也进行了大量研究，涉及的对象众多，有成年幸存者、青少年儿童、老年人、女性、消防救援官兵、灾区民警、灾区大学新生、致残人员、灾区中小学教师、医疗救援人员、基层干部、丧亲青少年、志愿

① 转引自刘大唯《突发事件中心理危机干预研究》，《中国应急救援》2011 年第 2 期。

者、灾后移民等。关于灾后心理干预的具体方法，学者们也进行了许多讨论，其中有传统的哀思表达、绘画艺术治疗、“得觉”技巧、中医药心理治疗、文学治疗、心理剧疗法、班级心理辅导、团体心理辅导、沙盘治疗、放松疗法、悲伤情绪的积极调节、音乐治疗、体育运动等，还有中国科学院心理所开发的基于脑电信号的脑功能状态指标 i35 与 i22 点生物反馈放松训练[①]，这些方法对于灾后心理创伤的干预与治疗都具有积极作用。由于灾后心理危机干预工作是一项专业性很强的系统工作，需要方方面面的保障和支持，因此，对于这一工作的组织管理与实施也引发了学界的高度关注。有学者提出要从政府宏观层面进行立法；从纵向和横向两个方面建立我国整合性的灾难管理组织体系；根据灾后心理影响的时空二维特点，构建心理援助的时空二维框架；研究灾后长效心理援助机制的构建；等等。也有学者提出应建立政府宏观统筹的有效机制；加强灾后心理救助的理论研究；建立一支多层次的专门心理救助团队；建立灾后心理危机干预专业人员培训的长效机制；等等。

“5·12”汶川大地震后，灾后心理援助第一次广泛地走进公众的视野，受到全社会的高度关注。在震后不到三周的时间里，全国有 50 多支心理救援队伍到达灾区；北京、西安等地迅速成立了灾后心理援助热线中心；各大心理学相关网站也迅速开通了在线心理咨询。政府组织、非政府组织、科研院所、国际组织、民间机构和自发的志愿者都赶赴灾区进行心理援助。[②] 心理工作者在地震发生后也迅速做出反应。地震发生当日，中国科学院心理研究所向中共中央办公厅和国务院办公厅提出了 8 条心理学服务于抗震救灾的建议，得到肯定和指示。5 月 14 日心理所派遣第一批 3 人心理救援队出发，到 6 月 28 日，心理所已派遣了 16 批 50 人次专家奔赴灾区开展心理援助和心理培训，另外中国心理学家大会志愿者队 22 名志愿者也随专家组到灾区进行心理援助。同时，卫生部委托中国疾病预防控制中心精神卫生中心，紧急联系各地相关单位组建了国家联合抗震救灾心理救援医疗队。教育部紧急成立了“学生心理救助专家工作组”，奔赴四川指导当地中小学教师开展灾区学生的心理干预工作。另外，其他民

① 张明亮、朱光明：《国内灾后心理研究的知识图谱及热点主题》，《中国应急管理》2013 年第 2 期。

② 贺庆莉：《从汶川地震反思我国突发灾难事件后的心理援助服务》，《湖南第一师范学报》2009 年第 3 期。

间组织，如中国红十字会、中国儿基会、中国心理学会、中国社会心理学会、志愿组织、健康863网等组成的多个心理援助专家团，陆续到达灾区展开心理援助工作。这样大规模有组织地对灾民进行心理援助是新中国成立以来第一次，充分体现了我国政府“人民至上”的治理理念。2009年，四川省北川县建立了全国第一家专门进行心理健康服务和心理援助的机构——“北川心理卫生服务中心”，探索灾后心理重建的“北川模式”。汶川地震灾后心理危机干预在实践中取得的经验和做法在之后的2010年玉树地震、舟曲泥石流等重大突发事件中，得到了广泛推广，心理危机干预工作也越来越受到重视。

同时，相关文件的陆续出台也为灾后心理危机干预的开展提供了依据。2008年5月，卫生部下发了《抗震救灾卫生防疫工作方案》，其中第九部分就较为详细地指出了灾后心理危机干预的实施流程和干预要点等。为指导各地科学、规范地开展汶川大地震后心理危机干预工作，原卫生部印发了《紧急心理危机干预指导原则》，首次提出了心理危机干预的四级人群，不仅包括第一级的灾难幸存者，第二级的灾难目击者（包括救援者），还包括第三级的幸存者和目击者（包括救援者）的亲人等，以及第四级的后方救援人员及志愿者等。此外，还就队伍组建、现场工作流程和具体干预技术等给出了明确的指导。这也是我国政府第一次正式发布的心理危机干预工作方案，对于指导今后我国心理危机干预的大力发展奠定了基本框架基础。由于重大突发事件后的心理干预是一个长期的过程，为了尽快建立起心理危机干预的长效机制，中国心理学会在地震发生后发布了《汶川大地震心理援助20年行动纲要》，指出灾后心理援助应至少进行到灾后20年，在灾区将设立长期的“心理援助站”，对灾后如何持续开展心理援助工作进行了具体的规划。2008年6月国务院发布《汶川地震灾后恢复重建条例》，其中第十七条指出各级政府要做好受灾群众的心理援助工作。此外，一些地方政府也出台了相应的心理危机干预文件，例如，2008年11月武汉市人民政府提请审议的《武汉市精神卫生条例（草案）》，其中第十七条规定：“市、区人民政府应当将重大灾害的心理危机干预列入突发公共事件的应急预案，在重大灾害处理过程中，组织开展心理危机干预，降低灾后精神障碍发生率。”2012年，国家减灾委员会下发了《关于加强自然灾害社会心理援助工作的指导意见》，该意见明确指出社会心理援助是自然灾害救援和灾后重建工作的一部分，要同时部署、同时组织、同时开展、同时推进，最大限度地减轻自然灾害对灾区群众和救援人员造成的心理伤害，帮助灾区群众树立重建家园的信心。这是我国救灾工作中第一次把心理援助纳入国家救灾管理体系中，首次提出要在自然灾害救助过程中开展公众心理危机干预工作。要求各地完善工作机制，明确灾害社会心理援助的职责分工、具体流程和应急响应的启动条件、响应措施、终止条件等，规范灾害社会心理援助的行为。要加强队伍建设，分层次组建社会心理援助队伍。此外，还要进一步探索心理援助的常态化工作模式，构建平战结合的灾害社会心理服务网络，确保心理援助工作的可持续性发展。2012 年全国人大常委会表决通过的，并于 2013 年开始施行的《中华人民共和国精神卫生法》明确规定，各级人民政府和县级以上人民政府有关部门制定的突发事件应急预案，应当包括心理援助的内容；发生突发事件后，按照应急预案的规定，组织开展心理援助工作。

（三）突发事件心理危机干预研究与实践的稳步发展阶段

汶川大地震发生后，突发事件心理危机干预受到了全社会的高度关注，也引发了心理学工作者的研究热情。这一时期学界的研究主要还是集中在突发事件后的主要心理症状、危机干预的主要技术、心理干预的实施体系、实践模式等方面。2020 年初发生的新冠疫情又再次引发了学界对心理危机干预的高度关注。研究者们在疫情早期主要是介绍或提出进行心理干预的原则和方法，如贾晓明等提出了在互联网和手机平台上实施心理咨询的主要工作原则；季建林提出了民众进行心理自救的“四平”与“八要”自助法。① 也有研究者对我国早期开展的心理干预工作做了总结，提出了政府开展心理危机干预的管理策略。由于此次突发公共卫生事件与自然灾害的发生发展特点不同，在心理干预方法上出现了一些与传统方法不同的新方法，如祝卓宏研究提出，方舱医院的医护人员和患者更愿意接受正念练习；陈雪峰提出，普通民众可以将运动练习，如八段锦作为自我心理调适的一种途径。李占江指出，远程个体咨询者多倾向于使用认知行为干预疗法等。② 学者们除了关注个体取向的心理干预技术外，也关注到群体取

---

① 转引自张建新《从抗疫心理援助看中国心理学的分化与整合》，《心理技术与应用》2020 年第 6 期。

② 转引自张建新《从抗疫心理援助看中国心理学的分化与整合》，《心理技术与应用》2020 年第 6 期。

向的社会公众的心理疏导。王俊秀等向政府和民众提出了群体和社会层面的政策建议和行动指导。[①] 总的来看，现有研究主要还是从单一学科视角更多关注干预手段、具体技术，以及心理危机干预机制，还缺乏在应急管理和社会治理的框架下，系统探究心理危机干预机制的定位以及在组织运行机制上如何与现有的应急管理体制有效对接，如何更好地服务于社会治理，从而提升管理效能和治理水平。

党的十八大以来，党中央把建设“健康中国”上升为国家战略，把维护人民健康权益放到了突出位置。健康不仅仅是身体上的健康，还包括心理上的健康，而对于突发事件后的心理干预更是受到普遍的重视。2015年，国务院办公厅转发国家卫生计生委、中央综治办、国家发展改革委、教育部、公安部、民政部、司法部、财政部、人力资源社会保障部、中国残联十部门制定的《全国精神卫生工作规划（2015—2020 年)》，该规划明确要求发生突发事件时，均应根据需要及时、科学开展心理援助工作。2016 年，国务院办公厅发布的《国家自然灾害救助应急预案》中，Ⅰ、Ⅱ、Ⅲ、Ⅳ级应急预案都提到“国家卫生计生委应指导受灾省（区、市）做好医疗救治、卫生防病和心理援助工作”。同年，国务院印发了《“健康中国 2030”规划纲要》，其中也要求要提高突发事件心理危机的干预能力和水平；加强心理健康服务体系建设，构建重大突发事件心理危机干预机制。2017 年，国家卫生计生委、中宣部、中央综治办、民政部等 22 个部门联合下发《关于加强心理健康服务的指导意见》，该意见提出要将心理危机干预和心理援助纳入各类突发事件应急预案和技术方案，加强队伍的专业化和系统化建设。在突发事件善后和恢复重建过程中，要依托各地心理援助专业机构、社会工作服务机构、志愿服务组织和心理援助热线，对高危人群持续开展心理援助服务。2018 年，国家卫生健康委、中央政法委、中宣部等 10 部门联合制定的《全国社会心理服务体系建设试点工作方案》，提出要建立健全心理援助服务平台。在自然灾害等突发事件发生时，立即组织开展个体危机干预和群体危机管理，提供心理援助服务，及时处理急性应激反应，预防和减少极端行为出现。在事件善后和恢复重建过程中，对高危人群持续开展心理援助服务。同年，中国科学院心理研究所、中国心理学会发布了灾后心理危机干预与心理援助工作标准，这是我

---

① 王俊秀、陈满琪、应小萍：《疫情期间社会心态变化调查》，《北京日报》2020 年 2 月 11 日。

国第一份关于灾后心理危机干预与心理援助的工作标准，坚持“政府主导、部门协作、专业支撑、社会参与”的工作原则，对于重点人群根据心理危机的程度、灾后的不同时间段，有针对性地开展心理援助工作。这一工作标准的发布将进一步规范和指导未来国内的灾后心理危机干预与心理援助工作。该工作标准包括灾后心理危机干预和心理援助工作的工作原则、基本价值观和伦理守则三大部分。与工作标准同时发布的还有中国灾后心理危机干预与心理援助行动纲领，这是根据中国心理学会和中国科学院心理研究所在汶川地震、玉树地震、舟曲泥石流、天津港爆炸事故等开展心理援助的工作经验总结，共 12 条，目的是进一步推动灾后心理危机干预和心理援助工作能够有序、规范、科学、高效地进行。

2019 年健康中国行动推进委员会出台了《健康中国行动（2019—2030 年）》，在有关心理健康的专项行动中进一步明确要求卫生健康、政法、民政等单位建立和完善心理健康教育、心理热线服务、心理评估、心理咨询、心理治疗、精神科治疗等衔接合作的心理危机干预和心理援助服务模式。将心理危机干预和心理援助纳入各类突发事件应急预案和技术方案中，加强心理危机干预和心理援助队伍的专业化、系统化建设。2020 年初发生的新冠疫情严重威胁人民群众的身心健康，由于此次病毒传播速度快、感染范围广、防控难度大，给全社会带来极大的恐慌和焦虑，心理疏导和心理干预工作就成为打赢疫情防控阻击战的重要环节。国家卫生健康委员会等部门先后印发了 8 个工作方案，例如《紧急心理危机干预指导原则》《心理援助热线工作指南》《心理疏导工作方案》《不同人群心理疏导和社会工作服务方案》等，用以指导各地在疫情防控工作的不同阶段，针对不同人群的需求，科学规范、分级分类地开展心理危机干预工作。这也是历次重大突发公共事件后，国家层面出台的用于指导规范心理危机干预工作的政府文件最多、最全面的一次。2021 年，国务院印发了《“十四五”国家应急体系规划》，该规划中也提出要引导心理援助与社会工作服务参与灾害应对处置和善后工作，对受灾群众予以心理援助。

在实践层面，在汶川大地震之后，突发事件心理危机干预受到了高度重视，心理危机干预的工作机制也在逐步探索推进中，尤其是在 2012 年之后的历次重大突发事件发生后，都有心理干预的参与，如 2013 年雅安芦山地震、2014 年云南鲁甸地震、2015 年天津港爆炸事故等，应该说，适合我国国情的心理危机干预模式已初步形成，心理危机干预正逐步走向科学、规范和有序。国家将心理危机干预工作纳入应急处置的整体部署中，将心理疏导工作与其他管理措施同步实施，更加凸显了这一工作在突发事件应急管理中的重要地位。危机干预工作在以往工作模式的基础上，经过全社会方方面面的努力，通过线上平台与线下资源的优势整合，探索搭建了全方位、立体化、全覆盖的心理干预和疏导机制，呈现许多新的特点和亮点，为未来的突发事件心理危机干预工作提供了新的平台和路径。这部分内容将在后面的章节进一步深入讨论。

第二章　突发事件下的公众心理与行为

第一节　突发事件的心理影响

前已述及，突发事件造成的灾难性后果，不仅会造成生命财产损失、生态环境破坏和社会经济秩序的混乱，还将导致事件的亲历者、幸存者的心理和行为发生异常。突如其来的灾难事件会使个体表现出情绪、认知、行为活动等方面的一系列变化，诱发心理危机的产生，而当公众因处于应激状态下所做出的各种非理性行为，又很可能会与事件的影响相耦合，进一步引发次生衍生灾害。因此，从突发事件产生、发展、演进的全过程出发，关注研究事件发展不同阶段下，公众的认知、情绪和行为的发展变化规律、特点及其内部机制，不仅是灾难心理学的重要研究内容，还是应急管理进行科学决策、提高管理效能、减轻灾害损失、维护社会秩序稳定的关键问题。

一　突发事件对个体的心理影响

生理心理学的研究表明，当人们遇到意外危险或面临突发情况时，人们的身心会处于一种高度紧张的状态，这种高度紧张的状态就是“应激”状态。“应激”是指人们在处于紧张刺激环境时，所产生的一种正常的生理和心理的适应性反应，这些反应可以增强人们应对危险或危机时的抵抗能力，起到适应环境和自我保护的作用，而长时间处于应激状态中，则会引发个体身心失衡，出现心理危机。突发事件所具有的高度危害性、紧迫性、不确定性和破坏力等特点，不可避免地会使人们产生极大的恐慌感和失控感，原有的心理平衡被打破，因此，面对重大突发事件时，人们都会处于应激状态中，这其实也是人们对突发事件做出的适应性反应。2001 年美国“9・11”恐怖袭击事件发生后，相关调查显示，约有 90% 的亲历者都出现了至少一个与应激症状相关的心理问题，[①] 如恐惧、抑郁、焦虑、沮丧、麻木、孤独等情绪问题和睡眠障碍，或食欲不振、物质滥用（如烟酒）、逃学等行为表现。2003 年在 SARS 期间，当民众感知到疾病的严重性后，出现了普遍的恐慌心理，大量民众存在恐惧、焦虑情绪，甚至是易怒。[②] 也有研究指出，许多民众还出现了社交退缩、沉默、典型习惯改变、过度活动、逃避与疏离、容易自责或怪罪他人、与人易生冲突等行为。[③]

（一）突发事件下的应激反应

面对重大突发事件，绝大部分亲历者都会经受高度的压力，进入应激状态，并表现出一系列的应激性的生理心理反应，这些反应主要表现在以下四个方面。

第一，认知层面：感知觉异常、记忆力下降、注意力无法集中、思考与理解能力下降、决策能力下降、自我评价降低、缺乏自信；现实感丧失、不愿回忆或触及灾害情景、对工作和生活失去兴趣。重大突发事件还会使个体感到人类的渺小和无助，使个体原有的信念，如世界观、价值观、人生观等发生一定程度的改变。第二，情绪层面：会出现害怕、紧张、恐惧、焦虑、怀疑、不信任、沮丧、忧郁、悲伤、绝望、无助、麻木、否认、孤独、愤怒、烦躁、自责、过分敏感或警觉、无法放松、持续担忧等。第三，行为层面：表现出攻击、强迫、回避行为，下意识动作，或情绪失控、坐立不安或举止僵硬、暴饮暴食、大量饮酒服药，行为习惯改变；社交退缩、不易信任他人，与他人容易产生冲突，严重的可能会出现自杀倾向。第四，生理层面：长时间的高度紧张会引发一系列的生理反应，如心跳加快、血压升高、呼吸困难；头痛、头晕、身体乏力；肠胃不适、食欲下降，恶心呕吐；躯体疼痛、肌肉紧张；等等。以上四个方面的反应是个体在面对危险或突发事件时的适应性反应，是正常的应激反应，这些反应会随着时间的推移、危机事件的控制、自身的调节

---

① 转引自童永胜、庞宇、杨甫德《911 恐怖袭击后的心理危机干预》，《中国心理卫生杂志》2016 年第 10 期。

② 梁伟、李逢战、史康等：《突发公共卫生事件对民众心理行为影响的研究进展》，《空军军医大学学报》2022 年第 6 期。

③ 樊富珉：《“非典”危机反应与危机心理干预》，《清华大学学报》（哲学社会科学版）2003 年第 4 期。

逐渐得到缓解和复原。然而，也存在部分个体在重大突发事件发生一段时间后，持续出现以上的异常反应，这部分个体就需要及时的心理干预和长期的心理支持。

（二）突发事件后常见的异常情绪表现

1. 恐慌情绪

恐慌情绪是人类最基本的一种原始情绪，是当个体的身心安全受到威胁时，个体企图摆脱或逃避威胁情境而又无能为力时的情感体验，是对特定刺激事件采取的防御反应，也就是人们常说的“害怕”。适度的恐慌可以提高个体的警觉水平，促使个体主动采取行动，以适当的方法来应对环境挑战，有助于自我保护和适应环境。而过度的恐慌不仅会妨碍个体准确地判断和分析自己所面临的危险与环境条件，还会引发植物神经系统的紊乱，导致个体的身心出现一系列问题。由于突发性事件具有极大的不确定性，它的突然发生往往会使人们感到措手不及，人们以往的应对模式也无法对其进行有效控制时，就会影响人们的控制感，引发强烈的恐惧感和无助感。突发事件的不确定性越大，个体就越会感到恐慌。此外，公众对突发事件所进行的认知信息加工，即风险感知也是诱发公众恐慌情绪及行为变化的重要因素，风险认知越强烈，越容易引起个体心理上的恐慌，也越容易出现非理性的恐慌行为，如逃避反应、盲从行为等。恐慌情绪是重大突发事件发生后，比较突出的应激性情绪反应之一。

2. 焦虑情绪

焦虑情绪是指个体尚未接触到威胁或刺激源，而是在危险或突发事件发生前，内心紧张不安或预感到要发生某种不利情况时出现的害怕、担心、烦躁、回避等的一种复杂的情绪状态。焦虑也是心理应激条件下最常见的一种情绪反应。焦虑情绪与恐慌情绪非常相似，二者核心的内心体验都是害怕，但焦虑情绪没有明确的对象，是指向未来的，只是对未来感到担心；恐慌情绪则有明确的指向对象，并且这个事物就在眼前。突发事件发生时的焦虑大多表现为精神性焦虑，没有明确对象的广泛性的紧张不安、提心吊胆、烦躁，高度的警觉状态、容易激动等。焦虑的产生也源于安全感受到了极大的威胁。适度的紧张焦虑可以提高个体的警觉水平和应对能力，而过度的紧张焦虑和恐慌，则会妨碍人们的认知判断，产生一系列身心异常反应和行为。

3. 抑郁情绪

突发事件发生后，抑郁是除了焦虑和恐惧外最常见的情绪反应。突发事件引发的心理应激机制提升了抑郁发生的概率，心理应激的强度既与突发事件的性质、强度有关，又与个体的人格特征、对事物的认知评价和应对方式有关。抑郁情绪主要表现为持久的情绪低落、忧郁，丧失快乐感；失望，悲观厌世；过度关注与突发事件有关的信息，不愿意与外界的人和事进行沟通；主动与外界隔绝，独居家中，不与他人交往，在工作时也无法集中注意力；还常常伴有焦虑、躯体不适和睡眠障碍等身心应激症状。2008 年汶川大地震发生后，有研究调查了什邡灾区灾民的心理健康状况，发现突出的情绪问题有焦虑和抑郁，分别占了 77.64%、71.95%，为此加强心理干预非常必要。[①]

（三）突发事件后常见的心理障碍

1. 急性应激障碍（Acute Stress Disorder，ASD）

急性应激障碍是指在突发事件发生后的 2 天到 4 周内，个体所表现的一系列应激反应，主要症状有：高度警觉、烦躁不安、易怒、注意力无法集中、睡眠障碍；情感迟钝、意识模糊、人格解体、现实感丧失；灾难情景在头脑中反复出现；对突发事件相关的思考、情感或地点等的回避。核心症状是分离症状、闪回或灾难场景的反复再体验和回避行为等。对于不同的创伤事件，急性应激障碍的发生率有所不同。国内外的研究显示，各种不同的自然或人为灾难发生后，ASD 的发生率为 30% ~60%。[②] 已有研究显示，ASD 症状受到性别、年龄、突发事件的性质、个体社会支持程度等因素的影响。同时，事件经历者对突发事件危害程度的主观评估、主观感受程度、焦虑敏感程度等也与 ASD 症状相关。急性应激障碍会危害人们的身心健康，容易演变成创伤后应激障碍，因此，需要及时地实施早期心理干预并进行医学介入。目前，对 ASD 进行心理干预的主要方法有认知行为疗法、暴露疗法、催眠疗法、放松疗法、正念疗法、支持性辅导等。此外，家人、朋友、医务人员、社会团体等多种渠道给个体提供的情感支持、经济支持、心理援助等，对个体的恢复具有良好的效果。

---

① 任凯等：《什邡地震灾区 984 名灾民心理健康调查》，《中国公共卫生管理》2008 年第 3 期。

② 中华医学会精神病学分会编《中国精神障碍分类方案与诊断标准》，山东科学技术出版社，2001。

2. 创伤后应激障碍（Post-Traumatic Stress Disorder，PTSD）

随着时间流逝，大多数人们的急性应激障碍症状会消失，然而，有一定比例的人很难通过自身努力和社会支持系统的作用使症状得到缓解。如果在突发事件发生一个月后，仍然表现出 ASD 相关症状，个体将会转化为创伤后应激障碍，它是一种延迟性、持续性的心理障碍。PTSD 的主要症状有抑郁、焦虑、物质滥用、高度警觉、反复侵入性的痛苦回忆、反复做与事件有关的噩梦、出现各种幻觉好像事件再次发生等，同时伴有生理反应，以及社交和社会功能的退化。影响创伤后应激障碍的因素有遗传因素、神经内分泌失调、大脑某些功能损害等，其也与性别、年龄、个性特征、突发事件的特征、社会支持等因素密切相关。流行病学调查研究发现，灾难后 PTSD 的发病率为 33.3%，抑郁症的发病率为 25%。[①] 国内有研究显示，特大爆炸事故后的 PTSD 检出率高达 78.6%。[②]"9·11"事件发生后 2~3 年，研究者对 11037 名曼哈顿市中心的居民（该地距离世贸大楼 1 英里）进行调查发现，他们的 PTSD 发生率高达 13%，其中 44% 的居民报告有闪回症状，20% 的居民报告有逃避症状，39% 的居民报告有高警觉症状。[③] 创伤后应激障碍的治疗方法，主要有认知行为疗法、眼球运动脱敏再加工、心理辅导、人际关系、药物治疗等。

（四）影响个体应激反应的因素

个体面对突发事件的反应有很大差异，这一应激反应的程度并不一定与事件的强度成正比，影响应激反应的因素主要有以下几方面。

1. 突发事件的特性与事件情境

一般来说，消极的生活事件容易引发个体不良的心理和生理反应，增加罹患心理障碍的风险。突发公共事件作为一种消极事件，它的破坏性、不可预测性、不可控性势必成为诱发公众应激反应的先决条件。不同类型的突发事件、事件后果的严重程度、事件是否能够有效控制等因素会影响

---

① 刘正奎、刘悦、王日出：《突发人为灾难后的心理危机干预与援助》，《中国科学院院刊》2017 年第 2 期。

② 布威佐热姆·艾力等：《事故灾难后民众创伤后应激障碍和抑郁状况》，《中国公共卫生》2018 年第 10 期。

③ 安媛媛等：《美国 9·11 事件对个体心理与群体行为的影响》，《北京师范大学学报》（社会科学版）2014 年第 6 期。

个体应激反应的强度和反应持续时间。在突发事件中的暴露程度，如目睹事件经过、自身受伤和损失情况；身边亲人、朋友、同事等的伤亡和损失情况、事件持续的时间、获取事件相关信息数量等因素都会影响个体的应激反应。显然，突发事件或灾难情境对个体的冲击越大，个体的身心反应就越强烈，诱发身心疾病的风险也随之增大。

2. 个体对事件的认知和解释

美国心理学家艾利斯提出的情绪 ABC 理论，指出个体的认知评价是引发各种情绪体验的关键因素。A 是指诱发情绪产生的事件（Activating events）；B 是个体在遇到诱发事件之后，对这一事件的看法、解释和评价，即信念（Beliefs）；C 就是在这一事件影响下，个体的情绪反应及行为表现（Consequence）。该理论认为，个体的情绪不是由某一诱发事件本身所引起的，而是由个体对这一事件的解释和评价所引起的。诱发事件只是引发情绪及行为反应的间接原因，而人们对诱发事件所持有的信念、看法和评价才是引起个体情绪的直接原因。因此，对突发事件的认知不同就会导致不同的危机应对方式。恰当或是比较积极的评价会降低个体在面对不确定事件时的紧张焦虑和恐慌，减轻应激反应，减少非理性行为的产生。因此，人们面对突发事件时的恐慌焦虑，更多的是来自人们认为它不可控或不可预见。反之，一个本来属于消极性质的事件，也可以因为个体对它作出的积极评价而不会引起心理应激反应。

3. 应对方式与适应能力

应对方式是指个体面对应激事件时所作出的调节性行为，是处理或缓解应激事件所带来的身心反应的过程，能够起到缓解心理压力的作用。已有研究显示，应对方式与应激反应强度有关。一般来说，积极的应对方式，如尝试解决问题、调整认知、合理宣泄、寻求帮助等有助于减轻应激反应的症状和强度，减轻应激反应的消极影响；反之，消极的应对方式，如逃避或回避、压抑、攻击行为等不利于应激症状的缓解，还会增加罹患心理障碍的可能。另外，对环境适应能力强的人，一般可以较少地受到应激事件的消极影响。环境适应性较低的个体，突发事件的冲击对其影响则更大。

4. 与社会支持有关

社会支持系统，是指以个体为核心，是个体在与外部环境互动过程中，由个体和支持者所构成的一种人际交往系统，它包括家庭、朋友、邻居、同事与组织、社区、宗教团体等。社会支持系统能够提供广泛而多样的支持帮助，如感情支持、信息交流、经验分享、缓解压力、陪伴和归属感等。面对突发危机时，个体往往会因为心理应激而陷入困境，而社会支持系统能够帮助个体稳定情绪、缓解焦虑、增强其面对困境的勇气，促使其找到解决问题的方法。个体拥有的社会支持网络越强大，就越能够更好地应对各种挑战。而社会支持系统的缺乏则会使个体采取比较消极的方式来面对突发应激事件。

5. 信息传播因素

从信息传播的角度来看，公众在突发事件发生后，恐慌焦虑情绪的产生也与事件相关的有效信息不能及时获取、信息发布渠道单一、信息传播无序、谣言四起等有关。及时的、有针对性的、权威的信息能够缓解公众的紧张担忧，在一定程度上减轻事发后的应激反应。已有研究发现获取突发事件信息的途径越多，公众产生的心理行为问题相对越少。此外，政府发布信息的质量也会对公众恐慌和战胜事件影响的信心产生显著影响。

6. 与人格因素有关

面对突发事件，绝大多数个体都会出现不同程度的心理失衡，但对于同一事件，不同个体的危机反应是有差异的，这种差异也与个体不同的人格特质有关。人格是个体特有的比较稳定的在行为上的内部倾向性，是能力、兴趣、需要、动机、态度、气质、性格等方面的总和。它作为一种稳定的内部心理资源，是介于突发事件和心理应激反应之间的重要的中介变量。它在一定程度上决定了个体对事件的态度和认知评价，影响着个体的应对能力和应对方式，也会影响个体得到社会支持的质量。面对同一个危机事件，有些人把它看作一种威胁，从而产生较为强烈而持久的心理应激反应；而另一些人把它看作一种挑战，从而应激反应强度较弱。人格特征还会影响人体面对危机时的应对方式。乐观的人会采取积极的应对方式，悲观的人会采取退缩回避、犹豫沉沦的消极的应对方式。总之，个体的人格特质会影响对危机事件的评价、影响危机的应对方式，进而影响着心理应激反应的强弱、持续时间及对身心的影响程度。

二　突发事件下公众的信息需求

前已述及，突发事件的突发性、紧迫性、不确定性、严重性往往会给公众的生命财产安全带来极大威胁，给其心理带来极大的焦虑和恐慌。为了缓解恐慌，公众对于突发事件产生的原因、导致的后果、政府的处置措施及个人如何应对等方面就产生了急迫且巨大的信息需求。因此，突发事件发生后及时的信息供给能够在一定程度上减轻公众的恐慌焦虑情绪，减少公众的非理性决策行为，避免突发事件次生危机的发生，也会直接影响公众对政府的信任程度，影响政府应急处置措施的顺利实施和突发事件的有效控制。与自然灾害、人为事故、社会安全事件相比，突发公共卫生事件如大规模传染病以其危害程度深、波及范围广、强烈的不确定性更能引起大规模的社会恐慌，刺激公众的信息需求。[①]

基于马斯洛的“需求层次理论”，信息学者德尔文（Dervin）提出了信息需求分类。[②] 她认为，人们的信息需求是有层次的，只有低层次的信息需求得到满足后，人们才会去获取更高层次的信息。信息需求有生理需求、身份需求、情感需求和认知需求。生理需求对应着马斯洛理论中的生理需求层次；身份需求对应着安全需求层次；情感需求对应着社交需求层次；认知需求则对应着尊重和自我实现需求层次。生理需求是指人类开展各种活动的物质需求；身份需求是指个体在与其他人或机构交往时所面临的需要，例如获得理解、被认可等。情感需求是指人们对发展、维护和改善情感关系的需求，例如寻求安全感、安心和快乐，以及满足和引发对他人和世界的兴趣。认知需求是指个体对知识和信息的需要，例如获得更好的了解、知道答案、找到问题的解决方案等。关于人类生存与安全类的信息位于需求等级的最底层，是人们最基本的信息需求。因此，突发事件发生后，公众首先关注的是事件的起因、后果、危害、如何发展、如何应对、控制风险的处置措施，以及所有与自身利益密切相关的各种信息。突发事件发生初期，公众的信息需求量非常大，信息的真实性、时效性、全面性、准确性的需求也更加强烈。随着事件发展进入不同阶段，人们的信息需求内容也会相应调整。例如，在突发公共卫生事件起始期，公众往往关注传染病暴发的原因及病理知识，在暴发期侧重于了解病患统计、防控措施，在蔓延期关注社会情绪与诊疗方案，在衰退期关注疫苗、疫情影响

---

① 杨康、杨超、朱庆华：《基于社交媒体的突发公共卫生事件公众信息需求与危机治理研究》，《情报理论与实践》2021 年第 3 期。

② Dervin B., An Overview of Sense-Making Research: Concepts, Methods and Results to Date, Paper Presented at the Annual Meeting of the International Communication Association, Dallas, TX, 1983.

等信息。此外，公众对于突发事件信息内容的需求还呈现情景性、多样性和可感知性的特点。不同类型的突发事件，如自然灾害事件和突发公共卫生事件，公众需要的信息内容也是不同的。有学者通过对微博话题的研究，发现在突发公共卫生事件中，公众的信息需求主要是事件进展、政府回应、群众意见、健康医疗知识、防控措施等方面。对于同一突发事件，不同群体的信息需要也表现出多样性，如对信息的内容、专业程度、信息来源渠道、频率等方面的需求不同。此外，公众对危机信息的需求除了与危机事件的特性相关外，还与个体因素有关，如性别、年龄、种族、知识经验、阅历等。

从信息获取渠道来看，由于突发公共事件事关公众自身的生命、财产安全，公众肯定会积极主动地通过各种途径来获取各类信息。一般情况，公众对于危机信息的获取主要还是希望通过权威渠道或主流媒体。如果权威渠道信息缺失，公众的信息需求没有得到满足，他们就会主动地通过人际信息传播、网络媒体甚至境外媒体等其他途径来获取、选择、评价并传播相关信息。在移动互联网的时代背景下，微信、微博、媒体网站、公众号或移动客户端成为民众获取信息的重要来源。

从另一个角度来看，突发事件发生后，公众不仅仅是信息的需求者、接收者，还是信息的传播者。在事发初期，公众在恐慌心理的驱使下是迫切的信息需求方。随着突发事件的发展，公众也积极参与到信息传播过程中，成为信息的传播者。互联网、手机已经成为人们信息传播的主要方式，在突发事件发生后，极易导致谣言的产生和传播，因此，互联网时代下的突发事件的信息管理也是危机治理的重要内容。

三　突发事件下公众心理影响的特点

（一）应激反应的阶段特点

重大突发事件发生后，公众的心理应激反应会随着事件的发展变化表现出一定的阶段性。具体来说，心理变化特点呈现三个阶段：应激阶段、冲击阶段和复原阶段。

应激阶段发生在突发事件发生后，持续数天。个体受到外界强烈的危险信号刺激后，身体的各种资源会自动迅速地动员起来以应对压力，身心应激反应随即产生。由于灾害的突发性，身体和行为症状会比较明显，诸如心跳加快、呼吸急促、胸闷气短、头疼、胃部不适、没有食欲、腹泻、肌肉酸痛、四肢无力等。行为方面如反应麻木或高度兴奋、对外部刺激异常敏感、不相信灾难是真实发生的、内疚或自责等。这一阶段持续时间较短，诸多心理问题会暂时隐藏。及时的精神支持和情绪安抚，会降低心理疾患发生的概率。

突发事件发生一周后进入冲击阶段，也可持续数月时间。这一阶段，身体为了应对外界威胁已做出了最大调整和极大努力，心理和行为方面的问题在这一阶段会比较多地表现出来。急性应激障碍（ASD）是比较普遍的心理问题，大多数个体会随着时间流逝和自我调适，可以自我恢复。然而也存在一定比例的个体不能自我复原，存在转化为创伤后应激障碍（PTSD）的可能。这一时期，及时开展有针对性的、系统的心理危机干预，会降低心理问题恶化的概率。

复原阶段是指突发事件发生半年后，也可持续数年。在这段时间里，大部分个体都会恢复常态，但也有一定比例的个体会受到突发灾难事件的长期影响，长期经受 PTSD 症状的困扰，情绪消沉低落，对生活失去兴趣，社会功能受损，等等。这一阶段需要开展长期的心理干预和心理援助。

（二）不同类型突发事件下公众的心理变化特点

随着突发事件的持续发展和应对处置工作进入了不同阶段，广大民众的心理行为表现也发生了相应变化。要有效地开展应急管理工作，就有必要对突发事件发展不同阶段中的公众心理行为变化特点进行研究。一般来讲，在突发事件发生初期，人们往往会表现出恐慌、震惊、担忧、不知所措等身心反应；随着突发事件的发展，由于事件信息存在滞后性、不准确性和不全面性的特点，人们无法对事件产生全面完整的认识。这时的民众会更关心自己的生存和安全问题，如生命健康是否有保障、环境是否安全等，也担心自己亲人们的安全问题，从而表现出焦虑不安、沮丧忧郁、悲伤无助、逃避退化、失眠、躯体不适等一系列身心反应；突发事件得到有效控制后，公众会希望生活能尽快安定下来，能尽早恢复到以往的正常状态，向他人倾诉自己的感受，并采取积极方式接受现实，开展灾后重建。

1. 自然灾害事件

自然灾害会给受灾群众带来极大的破坏和影响，不仅限于身体健康，还会深刻地影响他们的心理健康。随着灾害事件的发展和得到控制，人们常常会经历一系列的心理行为反应。已有研究总结了自然灾害发生后，人们的心理反应会经历三个不同的阶段。[①] 一是急性应激阶段。一般指灾难发生当时至事发后两三天。由于灾难突然发生，人们措手不及，高度的恐慌紧张打破了人们原有的心理平衡。最初的典型反应是茫然和不相信发生的一切，随后会出现震惊麻木、恐惧焦虑、悲伤担忧等负面情绪。灾难对个人的影响越大，心理反应越强烈。在灾难发生初期，求生、保障安全和互救是首要大事，在最初的混乱消退后，受灾者会积极参与抢险救灾活动，见义勇为和助人行为明显增多。二是慢性应激阶段。一般是在从灾后1周到几个月。这段时间里，受灾群众会经历一个“蜜月期”。灾难发生后，政府的救援力量和其他组织机构的慰问人员会迅速赶赴灾区，各种援助资源会源源不断地送到灾民手中，使灾民感受到极大的支持和关注。这种互帮互助会增加凝聚力，带来短暂的乐观情绪。随着时间的推移，由于受灾人群的创伤暴露程度不同，他们的心理症状也会呈现不同的特点。灾难幸存者普遍会出现灾难情景的反复闪回、高度警觉等症状，情绪上以恐惧不安、悲伤无助、愤怒、罪恶感为主要特征；有亲人遇难的个体会出现极度悲痛、内疚或自责等情绪；受灾难波及的广大人群也会出现害怕忧虑、不安无助等心理障碍。此外，随着灾难救援工作逐渐进入尾声，救援力量和各种资源陆续撤出灾区，受灾群众需要面对各种现实问题，这些问题也会加重受灾人群的应激反应。三是心理重建或恢复阶段。一般是在灾后几个月至几年的时间内。对大多数人来说，逐渐适应和接受了灾难发生的现实，灾难造成的直接影响逐渐减弱，身心应激反应也随着时间有所减弱，生活慢慢进入正轨，受灾人群努力开始重建自己的家园、生活和社区；但是也有部分个体可能会出现创伤后应激障碍。

2. 突发公共卫生事件

突发公共卫生事件由于涉及范围比较广泛，会给公众和社会带来全面而深刻的影响，不仅是对公众生命健康的极大威胁，还会对公众心理、社会运转以及文化活动方面造成严重影响。与其他类型的突发事件不同的是，突发公共卫生事件会导致部分人群感染病毒，并传播到其他人身上，从而引发人们巨大的恐慌、焦虑、抑郁、怀疑等，应该说，情绪问题是公

---

① 付芳等：《自然灾难后不同阶段的心理干预》，《华南师范大学学报》（社会科学版）2009年第3期。

众面对突发事件时最突出的心理反应。有研究者指出突发公共卫生事件后人们的心理行为反应会有以下四个阶段。第一，初始反应阶段：当一个突发公共卫生事件发生时，人们往往会产生震惊、恐惧和困惑等不安情绪。在这个阶段中，人们可能会产生各种应对机制，如逃避、否认和封闭等，以缓解自己的不适感。第二，反应阶段：在初始反应阶段之后，人们会进入反应阶段，试图了解事件的性质及其对自己和周围环境的影响。这个阶段中，人们通常会主动寻求和传递信息，以便了解更多的情况。第三，应对阶段：在反应阶段的基础上，人们会开始采取措施来应对突发公共卫生事件的影响，如采取健康防护措施、寻求医疗帮助和避免与患者接触等。人们会逐渐感受到自己有了掌控感和主动性，从而减轻恐惧和焦虑情绪。第四，恢复阶段：当突发公共卫生事件得到控制，并逐渐缓解时，人们进入恢复阶段。人们开始甄别自己的行为和情感状态，重新考虑其生活方式和价值观，并通过加强社会联系和获得支持尽快恢复。一般来说，在突发公共卫生事件发生早期，由于不了解事件真相、缺乏相关的科学知识，公众常常出现一系列非理性的情绪。特别是涉及新发、罕见的突发公共疾病，这些情绪表现得更为强烈。这一阶段，还表现出过度关注事件的进展情况，无意与外界的人和事进行沟通；持久的情绪低落、抑郁、失去愉快感；对突发公共卫生事件的形势悲观、失望、厌世而不能自拔，对事件的结局持怀疑态度，对政府和权威机构所采取的措施不信任。[①] 由于对事件本身了解不多，公众在行为上表现为束手无策，首先会选择逃避行为，尽可能采取各种方式避免与外界接触，甚至逃离事发地。还会表现出过度的清洗消毒行为、过度依赖他人、典型行为习惯的改变、过激行为等。

在突发公共卫生事件的发展后期，公众对事件的起因、传播途径、易感人群、形势进展、预期结局、防控措施及效果等信息的认知水平有了显著提高，人们不再否认、回避和退缩，而是从非理性恐慌转入理性状态，恐慌紧张明显减少。对事件的形势有了比较全面和理性的思考，对政府和相应机构采取的处置措施表示出更大的信任，对战胜困难表现出更大的信心。人们的过激行为明显减少，而是倾向于根据实际情况，采取科学、适度的预防措施。

---

① 关静、刘民、梁万年：《突发公共卫生事件对公众的知识、心理和行为的影响》，《中国健康教育》2005 年第 10 期。

3. 事故灾难事件

有研究认为，事故灾难等事件往往比自然灾害对人的影响更大，因为人们往往认为这类事件不该发生，无法接受，从而产生更为严重的心理冲击。事故灾难发生后，人们除了感到恐慌和无助外，还会更多地表现出困惑、指责、不信任和对长期影响的不确定感，心理健康水平迅速下降并会长期保持较低水平。事发后，亲历者很快会处于悲伤和愤怒情绪中，也有一些亲历者突发事故后愤怒期较长。事故发生后两天至两周左右，亲历者除了产生焦躁、易怒等情绪外，还可能会表现出攻击、串联、张贴标语或网络泄愤等行为。愤怒期具体有3个阶段。一是酝酿阶段。经过冲击期、悲伤期之后，亲历者的心理表面上比较平静，实际上较为敏感。二是释放阶段。部分民众在自身诉求一直未得到回复或外部信息与自身意愿相差过大时，容易出现非理性过激言行，如攻击、网络泄愤和群体暴力等。三是觉知阶段。随着时间的推移，受灾民众开始得到更多有关灾难事件的处理信息，或冷静下来，或继续释放，开始思考，衡量利益得失。①

第二节　突发事件心理危机干预的实施

前已述及，突发公共事件会给事件的亲历者和整个社会带来巨大的负面心理冲击，会使人们感受到身心的高度紧张与压力，产生一系列身心应激反应，处于心理危机状态。这些心理影响如果未能及时进行干预，将会导致严重的心理健康问题。心理危机干预是基于心理学相关理论，通过心理学的方法和技术，对处于危机状态中的个体或群体的心理活动进行调整，以帮助人们恢复各项适应性功能，预防或减轻心理创伤的影响，战胜危机并最终适应新生活所采取的一系列干预措施。大量研究和事例已经证明，突发事件发生后，心理危机干预可以在调节情绪、减轻痛苦、调整认知、引导态度、矫正行为、改善社会关系、整合支持系统、激发潜能等方面发挥重要作用。有效的危机干预能够帮助人们重新获得安全感，缓解由突发事件引发的强烈的恐惧、震惊、悲伤、自责的情绪，降低受灾人群的

---

① 刘正奎、刘悦、王日出：《突发人为灾难后的心理危机干预与援助》，《中国科学院院刊》2017年第2期。

心理创伤程度，并能够学习到应对危机的有效策略与积极的行动，增强面对灾难的能力，促进受灾人群的心理重建。2012 年通过的《中华人民共和国精神卫生法》中第十四条明确规定："各级人民政府和县级以上人民政府有关部门制定的突发事件应急预案，应当包括心理援助的内容。发生突发事件，履行统一领导职责或者组织处置突发事件的人民政府应当根据突发事件的具体情况，按照应急预案的规定，组织开展心理援助工作。"因此，突发事件心理危机干预已经与生命营救、物质救援一样，成为灾难救援体系和应急管理工作中的重要组成部分。

一　突发事件心理危机干预的特点

突发事件心理危机干预与普通的心理危机干预在干预方法、实施流程等方面有很多相同相似的地方，例如都强调干预要迅速及时等，但是两者也存在很大的不同。相比较而言，突发事件心理危机干预主要有以下几个突出特点。

（一）复杂性

首先，突发事件作为一类非常规事件，虽然它发生的概率较低，但它的破坏程度较大，涉及人群的范围较广，对社会的影响是复杂而深刻的，从而对广大民众的身心健康和生产生活的冲击也是多方面的。突发事件的不同类型、严重程度、持续时间、控制措施的有效性等因素也会进一步影响事发后公众的应激反应的表现形式、强度、持续时间，以及罹患心理疾病的概率。并且，随着突发事件的不断演化发展，公众的身心反应也会随之发生变化，心理危机干预的推进也要随着公众心理的变化做出调整，这样才能有针对性地帮助公众克服危机，减轻身心反应的危害，促进其心理环境的重建。突发事件自身的这些特点都会提升心理危机干预的复杂性。其次，突发事件不仅给公众的身心健康带来冲击，还会给公众的生存发展境遇带来很多现实问题，如住房、就学、医疗等生活保障问题，未来就业发展问题，孤残老人的社会保障和法律服务等诸多共性或个体化的问题。这些现实问题也会进一步加剧公众的应激反应，甚至成为社会秩序混乱的诱发因素。因此，突发事件心理危机干预还不能仅从心理健康角度进行干预，还必须要与医疗救助、解决实际问题、思想工作、日常生活相结合，才能取得较好的效果，这也使得心理危机干预的实施变得比较复杂。最后，突发事件波及的人群众多，既有事件的亲历者、幸存者，也有各类救援人员、医护人员、志愿者等，还有参与应急管理工作的各级各类管理人员，以及事发地外围的人员等，不同类型的人群，其受影响的程度也不一样，干预对象的多元化、多层次性也使得心理危机干预工作十分复杂且艰巨。

（二）系统性

突发事件心理危机干预是一项复杂的系统工作，涉及诸多要素。首先，危机干预的顺利实施需要多样化的干预方式和有效的资源整合。通过将不同的心理干预方式相结合，如心理疏导、情感支持、心理治疗、团体辅导等，才能更好地满足不同人群的心理需求。同时，将紧急资源整合起来，如医疗卫生、生活保障、社工组织等，才能保证突发事件发生时能够提供全方位的、有针对性的心理干预与支持。其次，在危机事件的响应、组织和团队构成方面，需要依赖完善的心理危机干预体系，在相应的组织管理机构协调下，由专业的危机干预团队负责实施各种干预措施。也需要针对不同类型的突发事件和不同人群特点，制定相应的危机干预预案，以保证应急响应的及时性和高效性。最后，完整的危机干预还应包括心理干预过程的评估、监测和反馈机制。通过对受灾人群心理状态的评估、监测和反馈，可以及时调整干预方案，完善心理危机干预的实施效果。

（三）联动性

首先，突发事件发生后，心理危机干预不是一项完全独立的工作，它需要在应急管理部门的统一指挥下，与抢险救援、医疗卫生、治安维护、生活保障等多项工作协同紧密配合。例如在抢险救援初期，为了最大限度地保障生命安全，心理干预工作就需要协同救援和医疗卫生工作，做好受灾群众的情绪安抚和疏导工作。随着事件的发展，还需要协同宣传部门和民政部门等，在这些部门做好信息发布和生活保障的基础上，帮助受灾群众稳定情绪，提升心理韧性。其次，突发事件发生后，不同部门的工作涉及的信息存在较大的交叉，为了更好地稳定群众的情绪，心理干预工作也需要了解各方面的信息，掌握群众的基本诉求，以便及时调整干预方案。最后，突发事件发生后，受到事件影响的人群往往数量众多，构成复杂，这就需要建立跨部门的心理卫生干预机制，协调各大医院、科研院所、心理咨询机构的专业人员和志愿者、社区工作人员等，共同为不同人群提供多元化、专业化的心理干预和支持。

（四）整体性

重大突发事件后，不仅是个体会面临强烈的心理冲击，整个地区乃至整个国家都会受到冲击，因此，公众实质上是同时经受了双重心理创伤，即个体创伤和集体创伤。个体创伤是个体层面上的心理影响，是个体原有的心理平衡被打破；而集体创伤是社会生活生产秩序被打破，社会关系和社会网络受到破坏后造成的集体伤痛体验。从整体角度来看，心理危机干预不仅是个体层面的辅导与支持，还包括集体层面、社会层面的干预行动，还需要考虑群体水平上与整个社会系统的文化、环境及社会现实的互动反应。研究表明，良好社会生态系统的建立，有助于公众重获"安全感"，提振信心和心理重建，为此，心理干预工作应考虑整体系统的恢复和提升。

（五）阶段性

前已述及，突发事件发生后，个体和群体的心理应激反应会经历三个不同的阶段，每一阶段公众的行为反应和心理需求是不同的，因此，各阶段干预工作的重点也有所不同。以自然灾害为例，在应激阶段，心理干预的重点是保证生命、延缓心理衰竭的产生；在冲击阶段，心理干预的重点是情绪疏导和哀伤辅导；在复原阶段，则是进行持续和深度的心理干预。同时，突发事件具有的破坏性和影响的广泛性，导致受事件影响的人群众多。突发事件的性质、严重程度、波及范围等都会使受灾人群有所不同，因此，有针对性的心理危机干预就需要考虑不同对象的受灾特点，开展不同内容的干预和服务。

（六）长期性

世界卫生组织（WHO）的调查显示，自然灾害或重大突发事件发生一年内，约有20%的个体可能会出现严重的心理障碍，他们需要长期的心理干预。汶川大地震发生后，我国研究者对受灾群众心理疾病发生情况的系列调查发现，创伤后应激障碍的发病率都在10%以上，有些人群甚至高达45.5%。[①]

① 刘正奎、吴坎坎、张侃：《我国重大自然灾害后心理援助的探索与挑战》，《中国软科学》2011年第5期。

中国心理学会于2008年6月通过了《汶川大地震心理援助20年行动纲要》，其中指出心理援助是一个长期的工作，基于世界各国灾后心理援助工作的重要经验，应持续进行到至少灾后20年。事发后的心理危机干预主要是一种暂时性的“心理急救”，而随着应急救援工作转向恢复重建阶段，众多的救援力量和心理干预人员的撤出，再叠加许多现实问题，这时往往是很多心理问题集中爆发的时期。干预工作的长期开展，不仅能够降低心理疾病的发病率，还有助于创伤个体的心理复原与心理重建，降低整个社会的心理冲击和由此带来的不稳定因素，有利于社会系统的稳定和发展。

二　突发事件心理危机干预的基本原则

（一）科学性原则

突发事件心理危机干预是一项专业性很强的工作，必须要基于灾难心理学、危机干预、临床心理学等领域的相关理论和已有实践，了解在突发事件发展的不同阶段，不同群体的心理变化特点，按照规范的干预流程，采取科学合理的干预技术，才能避免造成二次灾害，达成减少心理问题和心理重建的目标。因此，心理危机干预不是一项简单的工作，而是一项复杂、系统、科学的工作。心理危机干预工作的科学性也对从业人员的专业素质要求很高，他们首先要具备基础的心理学背景知识，还需掌握相应的心理咨询与治疗理论、心理干预技术、危机干预技术等专业知识和技能，同时还要持续接受系统的专门培训，才能够参与这一工作。

（二）及时性原则

突发事件的心理冲击会对人们未来的生活和工作造成长期影响，及时的危机干预能够有效地缓解受灾群众的紧张焦虑情绪，预防心理问题的发生。这就需要事发后在较短时间内组织心理干预人员，尽早地开展心理干预。一般情况下，心理危机干预是在突发事件发生后的24小时到72小时进行。事发后，最紧急的工作首先是保障公众的生命安全，在此基础上开展危机干预，不宜开展得太早，而干预得太晚，则会增加受灾人群罹患心理疾病的风险。

（三）以政府为主导的原则

重大突发事件给公众带来的巨大心理冲击，有可能成为影响社会稳定的大规模群体性事件产生的诱因，因此，事发后的公众心理健康与精神卫生已经成为重要的公共卫生问题和社会问题，而公共事务就必须在政府的主导下开展。国际上的成功经验表明，作为应急管理主体的政府是公众心理危机干预的主导者，政府的主导责任贯穿在心理危机预防、心理危机干预和心理重建的整个过程中。政府通过法制建设、机构建设、队伍建设、平台建设、经费保障、科学研究、宣传教育等工作对心理危机干预提供支持。此外，由于心理危机干预涉及面广、社会性强，还需要在政府强有力的领导下，做好资源统筹和组织协调，以保证相关部门的通力协作，而不是心理干预人员各自为政、单兵作战。

（四）预防性原则

完整的突发事件心理危机干预体系不仅仅是针对事件发生时的紧急心理干预和事发后的长期心理援助，还应包括事发前的预防工作。事发前心理学知识的科普宣传、应急演练培训等能够增强公众的心理承受力和危机意识，具备应对突发事件的心理准备和自我调节的能力，有助于减轻事发时的应激反应，减少心理疾病的患病率。当前，发达国家的应急管理工作都高度重视事前预防工作，如果事前预防和准备工作做得好，对于保障公众身心健康和维护社会稳定秩序意义重大。

（五）尊重当地的文化背景

每个个体都是在一定的文化背景下成长的，每一种独特的文化对个体的社会化以及民族群体的社会行为的形成都具有重要的作用，在创伤心理的恢复中也发挥着不可替代的作用。不同民族、不同文化背景下的个体在面对相同或不同创伤事件时产生的心理反应是不同的，缓解方式也存在差异。因此，突发事件心理危机干预应该考虑到文化的差异，尊重当地文化，结合当地民俗习惯，采用具有本地适应性的心理干预策略和技术。例如，2010 年发生的玉树地震，由于青海玉树是一个藏族人口占 95% 以上的自治州，群众普遍信仰藏传佛教，这种特定的宗教文化背景使得受灾群众的心理反应有着特殊的表现。因此，在对藏族文化了解的基础上，应该理解并尊重其文化，充分挖掘藏文化中有利于人们心灵康复的资源，将这些资源与常规的心理干预技术相结合，才能有效地开展心理干预工作。

三 突发事件心理危机干预的对象

2008 年卫生部印发的《紧急心理危机干预指导原则》中，对心理危机干预的对象进行了明确规定。指出心理危机干预人群分为四级，干预重点应该从第一级人群逐级扩展，一般性的宣传教育要覆盖到四级人群。第一级人群是指亲历灾难的幸存者，如死难者家属、伤员、幸存者等。他们亲历了灾难发生的全过程，遭受到生命威胁和财产损失，很多人失去了生命和亲人，受到的心理冲击最为严重。第二级人群是指灾难现场的目击者(包括救援人员)，如目击灾难发生的灾民、现场指挥人员、救护人员（消防、武警官兵、医疗救护人员、其他工作人员等)。灾难救援人员会在灾难发生的第一时间赶赴现场，目睹现场的惨烈情景，现场情景和紧迫繁重的救援任务也会给救援人员带来严重的心理影响，因此，救援人员的心理健康也需要特别关注。第三级人群是指与第一级、第二级人群有关的人，如幸存者和目击者的亲人等，他们虽然没有直接接触到灾难现场，但会受到亲人们情绪行为的影响，也会产生心理波动。第四级人群是指在后方参与救援的人员、志愿者等。他们会通过自身的工作或媒体的宣传报道比较多地了解到灾难的有关信息，也会不可避免地受到影响，出现一些负面情绪。2020 年，国家卫生健康委印发的《新型冠状病毒感染的肺炎疫情紧急心理危机干预指导原则》，在原有基础上，将干预的第一级人群扩大为疫情防控一线的医护人员、疾控人员和管理人员等。大量研究已经表明，重大突发事件发生后，亲历者不仅仅是危机干预的首要重点人群，在现场参与抢险救援的各类人员也受到了极大的冲击和影响，他们也应该作为第一级的重点人群高度关注。此外，在第四级人群中也加入了普通公众。实际上，每一起重大突发事件的发生，都会对整个社会造成不同程度的影响。特别是在互联网时代下，信息的“光子级”传播速度，使得即便是发生在非常偏远的小地方的突发事件，也会在极短的时间里传遍全国，因此，接收到灾难信息的社会大众难免会受到事件的影响，也需要情绪疏导。干预对象的多元和不同层次也决定了突发事件心理危机干预的复杂性和高难度。

在面向全体受灾群众开展心理危机干预的同时，还应根据灾后群众的心理创伤程度，首先需要关注某些重点或特殊人群，如丧亲伤残人员、儿童青少年、老人、妇女、创伤较严重的受灾群众、教师；一线的救援官兵、医护人员，以及一线的政府工作人员，尤其是基层干部，他们既是受灾者，又是抢险救援工作的执行者。

四 突发事件心理危机干预的主要技术

突发事件是社会公众出现心理危机的重要诱因，与日常的个体心理危机干预相比，突发事件心理危机干预面对的人数众多，情况复杂，因此，这项工作的主要目标首先是稳定公众情绪，阻止其负面情绪的进一步扩大和蔓延；其次是缓解个体和群体出现的急性应激症状；最后是重建个体的各项心理和社会功能，以适应新的生活。突发事件心理危机干预的主要技术有以下几种。

（一）心理急救

心理急救是指对遭受创伤而需要支援的人们提供人道性质的支持，以减轻突发事件带来的初期应激反应，培养短期和长期的适应性功能及应对技能。心理急救的适用范围广泛，既适用于身处突发事件中的儿童、青少年、成年人、老人及其家庭，也适用于突发事件的响应和救援人员。心理急救不是专业的心理咨询，它的实施者可以是心理卫生工作者，也可以是突发事件的各类响应人员、志愿者以及社区工作者等。心理急救的基本行动原则是：观察、倾听和联系。观察是指在开展心理急救之前，首先要观察确认急救区域的环境是否安全；观察哪些对象需要心理急救。其次，心理急救工作者需要接近需要帮助的对象，询问他们的需求和担忧，倾听他们的诉说，帮助他们平复情绪。最后，协助他们联系能够提供实际帮助的渠道和途径。心理急救技术是突发事件发生初期，通过提供心理支持、情感关爱和实际帮助，减轻受灾人群的早期心理反应，帮助其建立社会联结、增加心理弹性、提高适应力的有效方法。

（二）危机事件紧急晤谈

危机事件紧急晤谈是米歇尔（Mitchell）1983 年提出的，最初用于应激事件的救护人员，以小组为单位，小组成员一起讨论灾难时的经历，通过对创伤体验的描述、宣泄和同伴的支持，来促进参与者的心理健康。这一技术后来经过多次完善，已经广泛用于遭受危机事件的各类人员，在心理危机干预中应用广泛。这一技术一般在危机发生后 24 小时或 48 小时内进行，整个过程需要 2～3 小时，分为 7 个阶段。一是介绍阶段，干预者进行自我介绍，介绍这一技术的目的和规则等；二是事实阶段，求助者描述突发事件发生时的实际情况；三是想法阶段，询问求助者在突发事件发生后最初的想法和情绪；四是反应阶段，鼓励求助者表达出内心的真实情感；五是症状阶段，让求助者描述自己在突发事件中的认知、情绪、行为和生理方面的症状；六是教育阶段，讲解应激反应的相关知识，让求助者认识并正确理解自身的反应，与求助者讨论积极应对的方式，给出减轻应激反应的策略；七是结束阶段，结束干预并总结晤谈过程，提供进一步服务的信息。

（三）危机事件压力管理

20 世纪 90 年代，埃弗利和米歇尔（Everly & Mitchell）在危机事件紧急晤谈技术的基础上发展了更为完善的危机干预体系，危机事件压力管理系统是一个综合的、涉及危机周期的全过程和多种危机干预内容的体系。它不仅包括了突发事件发生前预防阶段的危机干预、事发时的危机干预和事后的心理干预，还综合考虑了应用于个人、团体、家庭、组织乃至整个社会的多种干预方式。危机事件压力管理目前已经发展出一种具有国际化标准的模式，以有效实现灾难心理危机干预的效果，同时也允许灾难心理危机干预人员根据灾难后个人和组织的实际需要做出适当的调整。① 这一体系包括八个方面的主要内容，一是突发事件发生前的准备，主要是针对公众的危机教育和应急演练；二是大规模的危机干预计划；三是个人紧急危机干预；四是简短的小团体讨论；五是开展危机事件紧急晤谈；六是家庭危机干预；七是组织机构的发展干预；八是建立评估和治疗的跟踪机制。研究显示，这一干预系统可以显著提升突发事件发生后公众的心理素质，降低其罹患心理疾病的概率，还可以有效节约事发后医疗卫生系统的有限资源。

（四）认知行为疗法

20 世纪 60 ~ 70 年代，美国的精神病学家贝克教授提出了认知行为疗法，他认为认知活动在个体的心理或行为问题的发生时发挥着重要作用。突发事件发生后，受灾者容易出现不合理的认知问题和不恰当的自我评

---

① 程奇：《国外灾难心理危机干预研究综述》，《福建医科大学学报》（社会科学版）2009 年第 2 期。

价，认知行为疗法可以帮助受灾者对自己、他人和事物产生新的看法与态度，使不合理的想法和行为发生改变，从而使心理问题得以解决。认知行为疗法主要适用于个体在危机稳定后的干预，是心理危机干预中的基础疗法。研究表明，认知行为疗法对于急性应激反应的治疗和创伤后应激障碍的预防有明显作用。

（五）眼动脱敏与再加工技术

眼动脱敏与再加工技术是由美国心理学家夏皮罗（Shapiro）提出的，该技术是基于“适应信息再加工”理论，通过促进快速眼球运动，唤醒固化在大脑海马体中的记忆片段，但个体不会体验到因记忆再现所带来的创伤，从而帮助受灾个体情绪脱敏、相关认知重构、身体警觉性下降。在治疗过程中，治疗师会指导受灾者形象化地想象他感到最困扰的情景，同时注视眼前的治疗师手中快速来回移动的物体。注视移动的物体可以引起人的眼球快速左右移动，大约30秒后，求助者开始描述浮现出的任何记忆、情感和思想，并与治疗者进行讨论。经过多次重复治疗，直到创伤性的思想和情绪不再出现。[①] 这是治疗创伤后应急障碍的重要方法之一。

（六）评定—危机干预—创伤治疗技术

评定—危机干预—创伤治疗技术是美国哈佛大学学者罗伯茨（Roberts）在“9·11”恐怖袭击事件发生后，针对事件亲历者的干预而提出的一个综合性的危机干预策略，是一种专门针对突发性危机和创伤性危机开展心理干预的模式。这一干预模式包括评估、危机干预和创伤治疗三个程序。评估首先是对当事人所处的危机状态进行评估，如引发当事人危机状态的危机源、目前所处的环境有无生命财产威胁、是否需要救援介入、有无社会支持等；其次要对当事人的心理行为状态进行评估等；最后还要考虑灾难的影响程度、当事人受影响的时间长短、灾后的基本生存状况等。该干预模式是在综合评估当事人的状态后，采用多种技术实施干预的过程。危机干预只是暂时缓解了当事人极度困扰的情绪和一些应激反应，而较为严重的创伤反应还需要更加专业的心理治疗机构来进行，这就需要

---

① 郭旗、肖水源：《灾难后的心理应激反应和危机干预》，《中国健康心理学杂志》2010年第9期。

第三阶段的创伤治疗来完成。

（七）系统脱敏疗法

系统脱敏疗法又称交互抑制法，即焦虑和放松不可能同时存在于同一个体中，这两种状态是相互抑制的。该疗法是建立在经典条件反射和操作条件反射的基础上，通过心理的放松状态让应激事件引起的焦虑和恐惧得到缓解甚至消除。该疗法首先要指导受灾者掌握放松技巧，将引起焦虑的情绪划分为不同等级，在治疗师的引导下缓慢地让受灾者暴露在不同等级的焦虑或恐惧情境下，进入情景后让受灾者进行放松练习予以对抗，可以逐级递增或递减情绪等级，从而使这一刺激逐渐失去引起恐惧、焦虑等负面情绪的作用。这一疗法用于治疗应激事件中引起的焦虑和恐惧，让受灾患者学会用放松取代焦虑，最终达到消除焦虑的目的。

（八）箱庭疗法

箱庭疗法属于分析心理学派，其理念是每一个个体都有自我治愈心灵创伤的能力，干预者需要给受灾者提供一个“自由且受保护的空间”，受灾者在干预者的包容、接纳和关注下，制作箱庭。制作过程可以引发受灾者探索和处理深层次的哀伤情绪以及与现实世界的冲突，帮助他们不断地寻求对事件的理解和事件赋予个人的意义。箱庭疗法是在以“心”为主题的心理援助模式指导下，使用沙箱、沙、水、玩具模型等象征工具对受灾者进行心理援助。它作为一种表达性疗法，在创伤治疗中的有效性已经得到国内外临床实践的广泛验证。①

（九）艺术治疗

艺术治疗是通过各种艺术媒介，如绘画、音乐、舞蹈、戏剧等比较安全、不具威胁的方式，来了解受灾者的内心世界，帮助他们把内心深层次的失落、悲伤等情绪和体验表达出来。通过艺术媒介来调节和稳定受灾者的情感，帮助他们消除负面情绪，进一步将这些经验转化为积极向上的力量和信念。现阶段，艺术疗法在临床上已被广泛运用。艺术治疗主要通过非口语的

---

① 张日昇、刘蒙、林雅芳：《箱庭疗法在灾后心理援助与辅导中的应用》，《心理科学》2009年第4期。

沟通技巧以及图画、视觉化的方式来处理受创伤个体情绪上的压力，它特别适用于一些特殊群体，如儿童青少年的心理辅导。其中，音乐治疗也是艺术治疗中有效的方式之一。音乐具有抚慰心灵的巨大能量，音乐治疗则是借助音乐的心灵抚慰、超越现实和心理康复的特性为深陷创伤、恐惧、紧张和自责的受灾者提供极大的安慰和支持。音乐治疗通过众多表达性和创造性的方式可以帮助受灾者增强应对灾难的力量，提高人们自我关照和康复的能力，也能够帮助人们迅速有效地建立起可以彼此支持的团体。

（十）团体辅导

在危机心理干预中，团体辅导也是非常有效的。团体情境可以促使个体在互动交往中通过观察、学习、体验，来认识自我、探讨自我、接纳自我，调整改善与他人的关系，学习新的态度与行为方式，发展出更好的适应行为。团体辅导的特色在于培养人的信任感和归属感，由对团体的信任到信任周围的其他人，由对团体的归属感扩大到对学校、社会及国家的认同感和归属感。①

（十一）社会支持系统的干预

社会支持的概念源于 20 世纪 60 年代的精神病学研究，研究者将社会支持作为个体从他人或社会网络中获得的一般或特定的支持性资源，这种资源可以帮助个体应对工作和生活中的问题与危机。大量研究表明，社会支持与个体社会技能和身心健康显著正相关，社会支持的缺乏与创伤后应激障碍显著负相关。② 因此，利用并重建社会支持系统，是开展心理危机干预的一项重要措施。面对各种突发灾害事件，受灾者如果得不到一定的社会支持，会提升其创伤后应激障碍的发生概率；反之，如果个体得到的社会支持越多，其应激障碍发生的危险性就越小。良好的社会支持系统是创伤后应激障碍发生的保护因素。家庭亲人朋友的关心与支持、心理工作者的早期介入、社会各界的爱心援助、政府及时高效的各项恢复重建措施等，都是有力的社会支持系统的组成部分，都可以极大地缓解受灾者的心理压力，使其产生被理解、被关怀和被支持的感受。社会支持具体可划分为物质性支持、情感性支持、信息性支持、尊重性支持和同伴性支持。

---

① 樊富珉：《SARS 危机干预与心理辅导模式初探》，《中国心理卫生杂志》2003 年第 9 期。

② 舒曼：《从社会学视角看灾后创伤应激障碍的干预策略》，《江西社会科学》2009 年第 7 期。

第三节　我国突发事件心理危机干预的实践

一　我国突发事件心理危机干预的早期探索

2003 年，“非典”疫情突然暴发，由于 SARS 具有传染性、致命性、缺乏明确的预防和治疗措施等特征，引起了全社会的高度恐慌和担忧，给民众的正常生产生活和社会秩序的稳定带来了极大的威胁。为了帮助人们顺利度过 SARS 危机并最终战胜 SARS，以精神科医师、心理学工作者为主的心理卫生队伍首次大规模地参与到突发公共卫生事件的应急处置中，在其中发挥了重要作用。“非典”期间，心理危机干预的主要方式有：心理援助热线；网络咨询；利用媒体进行科普讲座、专家采访、咨询；隔离病房中对患者的现场干预；动态调查公众心理，为政府提供社会心理干预的建议；等等。① 其中，2003 年 4 月 24 日，北京市“非典”时期的第一条心理咨询热线——北京预防“非典恐惧综合征”心理援助咨询专家热线正式开通并向社会公布了号码。4 月 26 日，北京大学精神卫生研究所也开通了“非典”期间心理咨询心理干预热线电话。这两条热线对于宣泄和排解当时公众对“非典”的精神压力和缓解“非典”造成的恐惧心理起到了重要作用，被称为是北京市抗击“非典”战役的“第二战场”。4 月 29 日，在中国心理学会、北京大学党委、国家卫生部疾病控制司的支持下，由中国心理学会临床与咨询心理学专业委员会（筹）和北京大学心理学系联合开设的临时性公益热线——非典心理援助热线开通，整合了来自临床心理学、咨询心理学及心理卫生方面的 160 多名专业人员组成此热线，对“非典”流行期间的恐慌人群、医护人员及其家属以及因“非典”被隔离人员等特殊群体提供心理援助。② 从 2003 年 4 月底至 5 月中旬，全国 30 多座城市先后开通了近百个形式多样的“非典”心理热线，共接待公众咨询 90 多万人次，除了就“非典”的知识性和信息性的问题进行解答外，主要是对“非典”患者、疑似“非典”病人及其家属、隔离人员、医务工作者和心理工作者开展心理疏导并为其提供心理支持。这些心理热线对缓解公众恐

---

① 赵旭东、钱铭怡、樊富珉：《心理－社会干预系统在突发性事件中的意义和作用》，《中国心理卫生杂志》2003 年第 8 期。

② 钟杰、钱铭怡、张黎黎：《“非典”心理援助热线来电初步分析报告》，《中国心理卫生杂志》2003 年第 9 期。

慌心理和增强抗击“非典”的信心作用重大。北京大学精神卫生研究所（北京大学第六医院）还派出了灾难干预方面的心理专家分批进入 SARS 一线工作人员的隔离区，实施集体心理干预，对疫情后的心理重建提出了具体方案，并起草了《SARS 患者相关精神障碍的预防与推荐治疗原则（草案)》。2003 年是我国灾后心理危机干预初步探索的阶段，尽管积累了宝贵的经验，但也出现了一些问题，如心理危机干预还是处于自发状态，没有相应的管理部门和组织协调；相关人员的专业水平差异很大，专业人员的数量严重不足；缺乏灾后危机干预方面的系统理论支撑和技能培训。

二 我国突发事件心理援助元年

2008 年四川省汶川县发生了特大地震，这是新中国成立以来破坏性最强、波及范围最广、救灾难度最大的一次地震，造成了巨大的人员伤亡，还给人们的心理带来严重的冲击。根据世界卫生组织的调研数据估算，汶川大地震后，约有 1000 万灾区群众需要及时的心理安抚，300 万 ~ 500 万人需要心理疏导，约 200 万人需要长期的心理干预。[①] 在抢救人民生命和财产的同时，心理危机干预也得到了党和国家的高度重视。有专家指出，在使用“心理危机干预”这个概念时，一是因其主动的干预和受众的被动接受，不太被民众所接受；二是在具体“干预”时采用的工作方法和技巧也与国外有很多不同之处，具有基于自身国情和文化的特点，因此，就使用了“心理援助”这个概念。应该说，灾后心理援助也是在 2008 年第一次广泛地走进了公众的视野，这一年也是我国灾后心理援助的开端，具有里程碑意义。

（一）明确了心理援助的目标

学者们在灾难心理学、危机干预的相关理论基础上，参考了世界各国灾后心理援助的经验，提出了我国灾后心理援助的总体目标，是在灾区建立心理援助工作的长期机制，有利于降低受灾群众的心理创伤程度，激发其内在潜能，增进其面对灾难和挫折的能力，培养其积极、乐观、向上的心理品质，帮助其认识生命的意义和价值，促进个体顺利完成心理重建。[②]

① 刘正奎、吴坎坎、王力：《我国灾害心理与行为研究》，《心理科学进展》2011 年第 8 期。

② 陈雪峰、王日出、刘正奎：《灾后心理援助的组织与实施》，《心理科学进展》2009 年第 3 期。

具体目标如下。第一，为受灾群众提供及时的心理援助，帮助受灾群众心理康复，激发其内在积极的心理资源，重建对自我和生活的信心，增强承受挫折和适应环境的能力。第二，发现、鉴别心理创伤严重的受灾群众，给予科学有效的心理咨询和治疗，使他们尽快摆脱灾难带来的阴影，预防和减少心理疾病的发生。第三，重点协助儿童、教师、其他弱势群体以及救灾人员，以减轻其灾后悲伤失落的情绪体验和心理压力，以尽快适应日后生活。第四，为社会大众提供重大灾难发生后的心理健康知识，降低社会的心理恐慌，增强自我调节能力。第五，为政府相关部门的救灾措施提供心理学上的补充和具体建议。

（二）提出了基于时空二维框架的心理援助模型

首先，重大灾难对个体和社会心理的影响存在时间特性。一般来说，重大突发事件发生后，个体和社会心理的应激反应会随着时间的变化有一个发展变化的过程，具体可分为三个阶段：应激阶段、冲击阶段和重建阶段。应激阶段一般是灾难发生后一两周内，由于个体突然受到外界强烈的危险刺激，身心的应激反应比较明显，很多心理问题会暂时隐藏。这个阶段对应着抢险救援的初期，以提供食品、药品，保证生存为主要任务。冲击阶段一般是灾难发生后一周至数月，救灾行动进入了安置阶段，许多心理问题会表现出来。复原阶段是灾难发生半年后至数年，是救灾行动中的重建阶段，灾难对人们心理的影响是长期的，加之与个体或群体的现实问题相叠加，需要长期的心理援助。

其次，重大灾难发生后，灾难对于不同地域空间的人们的心理影响是不同的。有研究人员发现，越接近高风险地区的人们，心理越平静，这一现象就是“心理台风眼”（Psychological Typhoon Eye）效应。[①] 根据这一效应，将心理援助的对象从空间上分为三部分 。第一部分是灾难中心，这一区域的人们主要是灾难的直接受害者，他们亲历了灾难的发生，经历了人员的伤亡和财产的损失，受到的心理创伤最为严重。第二部分是灾难周边区域，周边区域的人们目睹了灾难发生的情况，体验到了灾难的严重后果，心理恐慌程度较高。第三部分是非灾区，这一部分主要是指社会公

---

① 梁哲等：《突发公共安全事件的风险沟通难题——从心理学角度的观察》，《自然灾害学报》2008 年第 2 期。

众，他们通过各种渠道了解到灾难的大量信息，担心灾难发生在自己身边，对灾难的风险感知、恐慌和担忧程度都比较高。[①] 基于重大灾难对个体和社会心理影响的时空特点，要依据不同区域、不同人群的特点开展分时段、分空间、分重点的有针对性的、科学的灾后心理援助，具体内容见表1。

表1 灾害心理援助的时空二维工作框架

	灾难中心	灾难周边区域	非灾区
应激阶段	稳定情绪、消除焦虑和恐惧，进行心理宣泄； 以心理支持、陪伴、倾听为主，给予理解、安慰、希望； 创伤严重人员紧急干预	稳定情绪、消除负面情绪，进行心理宣泄； 创伤严重人员紧急干预； 心理知识宣教	规范媒体报道； 开展支持性活动； 心理知识宣教
冲击阶段	进一步进行心理宣泄，处理紧张焦虑的情绪； 改变认知偏差，建立信心； 利用其社会支持系统； 帮助解决实际问题； 运用专业方法对创伤严重人员进行心理干预； 开展心理健康教育	开展个体和团体心理干预； 运用专业方法对创伤严重人员进行心理干预； 心理健康教育	
重建阶段	持续的个体心理干预； 精神障碍识别、评估和治疗； 培训当地专业人员； 构建社会网络，以预防孤独性自杀以及产生长期的健康问题	开展灾后心理援助的相关准备	

（三）心理援助的体系建设

汶川地震后，心理学工作者经过不断探索，逐渐形成了以时空二维心理援助模型为基础的灾后心理援助工作体系，即“一线两网三级服务”的心理援助体系。“一线”指的是心理援助热线，在灾区开通心理援助热线，让经过培训的、专职的心理咨询师接听热线电话，开展线上的心理援助服务。“两网”指的是灾后心理援助的队伍网络和互联网平台，队伍网络是通过当地建立的心理援助工作站，培养当地的心理援助人员队伍。互联网平台有两个层面内容，一方面是开发基于移动互联网平台的“心理服务”

① 刘正奎：《重大自然灾害心理援助的时空二维模型》，《中国应急管理》2012年第5期。

软件系统，通过手机对受灾群众进行心理评估、提供建议和进行干预。另一方面是通过互联网搭建“本土心理联盟”，将非灾区的心理专业志愿者组织在一起，对灾区的心理辅导教师和网上的求助者提供帮助。“三级”指的是学校、社区心理咨询室—心理援助工作站—精神卫生中心组成的针对不同程度心理创伤人员的分级干预体系。学校、社区心理咨询室主要解决一般性的心理问题，同时也开展一些团体辅导活动和心理健康教育等。心理援助工作站主要处理一些复杂困难的个案转介，精神卫生中心主要处理有精神障碍或者需要药物治疗的转介者。

（四）建立心理援助工作站

汶川大地震后，各专业机构和民间团体都对如何有效开展灾后心理援助进行了许多探索，其中在灾难当地建立心理援助工作站被认为是最为有效且持久的工作模式。心理援助工作站作为与当地群众最直接接触的组织，不仅能够保证心理援助工作开展的科学性和持久性，也能够得到基层政府和灾区群众的信任，促进心理援助站点的本地化。心理援助工作站人员的主要构成有专业的心理咨询师，主要进行心理咨询和个体危机干预；心理辅导员，主要开展团体心理辅导等；志愿者工作人员，需要具备一定的心理学知识，主要负责站点的行政事务和一些辅助性工作。心理援助工作站在运行过程中还形成了一系列组织管理制度和心理援助实施细则。心理援助工作站通过与学校、社区、地方医院的合作，形成了基于学校、基于社区、基于医疗卫生系统的综合的灾后心理援助具体工作模式。

（五）培训灾后心理援助的枢纽人群

灾后枢纽人群指的是在灾后重建中担负重要工作的人员，如基层干部、医务人员、教师等。[①] 他们可能是灾难的直接受害者或是目睹了灾难的发生，心理上也受到了巨大的冲击，同时，他们又是抢险救援和灾后重建中的重要力量，要承担繁重艰巨的救援和重建任务，他们自身的心理健康状况不仅影响着他们的工作和生活，还会影响到他们服务的灾区群众。在专业心理干预人员比较缺乏的条件下，对枢纽人群进行心理学知识的培

---

① 刘正奎、吴坎坎、张侃：《我国重大自然灾害后心理援助的探索与挑战》，《中国软科学》2011 年第 5 期。

训不仅能够促进他们心理问题的康复，也有利于他们帮助所服务的灾区群众，更有助于灾后心理问题援助的持续开展。

应该说，2008 年标志着我国灾后心理援助进入了新的发展阶段，心理援助成为重大突发事件后救援体系和行动中的重要组成部分，初步建立了时空二维的心理援助框架模型，探索了“一线两网三级服务”的心理援助体系，推动了相关研究的大量涌现，但也暴露出一些亟须解决的问题，如缺乏相关法律支撑、缺乏组织管理与协调机制、社会力量的引导与整合、人员队伍建设等方面。

第四节　突发事件下公众心理行为的治理机制

突发事件会给广大公众带来深刻而长期的心理影响，并可能引发一系列的社会问题，因此，突发事件心理危机干预不仅仅是心理层面的问题，还是应急管理乃至社会治理中的重要问题。应急管理的全过程理论将应急管理分为预防与应急准备、监测与预警、应急处置与救援、事后恢复与重建四个阶段。对应这四个阶段，突发事件下公众心理行为的治理机制也应该包括三个，即突发事件前的心理预防准备机制、突发事件中的心理危机干预机制、突发事件后的心理重建机制。

一　突发事件前的心理预防准备机制

预防准备机制强调突发事件发生前，主动预防突发事件带来的负面心理影响，减少由此造成的个人、家庭和社会冲击，维护公众的心理健康和社会稳定。“凡事预则立，不预则废。”实践证明，预防与准备工作能够大大减轻灾难发生时对公众的心理冲击，减轻心理危机带来的可能伤害和损失，降低心理危机干预的难度，也有助于降低灾难后心理障碍的发生概率。发达国家已将应急管理工作的重点放在预防体系的建设上。危机心理预防准备机制是一项系统、长期的工程，涉及顶层架构中的组织机构建设、制度建设、大众的宣传教育、人力资源建设和学术研究支撑等多方面内容。

（一）完善心理危机干预相关法律法规

当前，心理危机干预在应急管理工作中的重要性日益凸显，为了更好地保障心理援助工作的科学实施，亟须国家层面完善相关的法律法规。目前，世界上只有12个国家没有心理援助相关法律，我国目前颁布的《中华人民共和国突发事件应对法》《突发事件应急预案管理办法》《突发公共卫生事件应急条例》《国家突发公共卫生事件应急预案》等重要法律法规中，都没有明确涉及心理援助的内容。[①] 只在《中华人民共和国精神卫生法》和《国家突发公共事件总体应急预案》中提到了心理援助的内容，但都未对心理危机干预的组织管理、具体实施和保障措施等做出详细规定。为此，国家应急管理和卫生健康部门应做好顶层设计，亟须完善《中华人民共和国精神卫生法》和《中华人民共和国突发事件应对法》等法律法规，明确突发事件心理援助的主管部门和协同部门、响应机制和服务保障机制等，将心理危机干预纳入科学化、制度化、规范化、法制化轨道。国家层面还应尽快制定“国家突发公共事件心理危机干预应急预案”，并将其纳入到国家突发事件总体应急预案中，与应急管理工作统筹推进，保障突发事件心理干预工作有章可循。[②]

（二）完善心理危机干预的组织协调机制

新冠疫情的心理危机干预工作，是在各省、自治区、直辖市“应对疫情联防联控工作机制”或领导小组、指挥部统一领导，各级卫生健康行政部门统一协调下有序开展的。以往的突发事件，由于类型特点各不相同，心理危机干预中的行政主体也各不相同，往往会涉及卫生健康委员会、民政、政法委、教育、社工委、妇联等部门，运行机制也不尽相同。随着国家应急管理体系和能力现代化的建设，为了更好地推进心理干预工作的长期规范发展，国家层面有必要建立一个专门的平战相结合的与心理干预相关的组织领导机构。这一机构可设立在国家应急管理部门或公共卫生管理部门，全面负责心理干预的领导、组织、监督、协调、保障和日常建设等工作，以保证在突发事件发生时，能够快速响应启动心理干预工作；在日常状态下，也能够做好心理健康的组织、协调工作。依据国家层面的组织领导机构，各省份也相应建立地方层面的组织领导机构，负责突发事件发

---

① 陈雪峰、傅小兰：《抗击疫情凸显社会心理服务体系建设刻不容缓》，《中国科学院院刊》2020年第3期。

② 李亚云：《我国应急管理心理危机干预的政府推进策略探论》，《社会与法律》2020年第9期。

生后，地方层面心理危机干预的启动响应工作，从而搭建从中央到地方的灾后心理危机干预体系，根据突发事件的响应级别启动不同层级的干预机制。此外，心理干预工作的有效开展也离不开多部门的协调配合，心理干预工作涉及卫生健康、教育、民政、文明办、工会、共青团、妇联、残联、政法委、公安、司法行政、信访、广电、宣传等众多部门及心理健康相关学会、协会等社会组织，因此，如何统筹协调资源、分工协作、相互联动，提升心理干预的效率，避免资源浪费，建立起跨部门的协调联动机制也是未来亟待解决的问题。

（三）加强心理危机干预专业人才队伍建设

心理干预工作是一项专业性很强的工作，它的科学有效开展离不开专业的危机干预人才的支撑，此次疫情中的心理干预工作就体现出高度的专业化特点，要求由具备相关经验的专业人员组成工作团队，并在专家团队的指导下开展工作。无论是心理救援医疗队成员还是心理援助热线人员，均有明确的专业和资质要求。但目前我国从事相关工作的人才在数量、质量上都与现实需求存在较大差距，为此，国家层面应出台相关政策加强心理干预与社会心理服务方面的专业人才培养，形成一套完整的人才培养、管理、培训、评估、考核及奖赏等制度。同时，要建立专业人才的数据库，将现有的人才队伍进行科学统筹管理，根据专业资质进行分级分类管理，以国家、省（自治区、直辖市）、地级行政区三级行政等级为基础，分别组建突发事件心理干预专业队伍，成员应包括精神科医生、心理咨询及社会工作等领域的专业人员，形成一支可以分级分类实施干预的专业化人才队伍。①

（四）加强公众的心理健康科普教育

实践表明，具备相应的心理学知识，能够帮助公众增强防范风险的意识，并提升其有效应对危机的能力。因此，加强公众的科普宣教是提高心理调适能力的前提基础，当公众掌握了一定的心理学知识时，就能在面对突发事件时，减少恐慌焦虑、克服消极情绪、采取恰当的应对措施。为

---

① 陈雪峰、傅小兰：《抗击疫情凸显社会心理服务体系建设刻不容缓》，《中国科学院院刊》2020 年第 3 期。

此，各级政府可以借助多种信息渠道，积极开展多种形式、多个层次的科普宣教活动。可以科学统筹线上线下的心理服务资源，定期开展心理健康知识科普宣传，增强公众的心理健康意识和防范风险意识。将心理健康教育纳入到公共教育体系中，制定心理健康教育的教学计划，设置相关课程，让心理教育进入中小学和大学课堂。创新心理健康科普宣传工作方式，充分发挥基层社区的宣传引导作用，定期针对社区居民开展多种形式的宣教活动；还可以借助科研院所、医疗机构的作用，定期针对公众关切开展专业引导和心理健康服务。

（五）定期开展突发事件应急演练

应急演练是指各级政府及其部门、企事业单位、社会团体等组织相关单位及人员，依据有关应急预案，模拟突发事件的发生，开展的一系列应对处置活动。应急演练是提高全社会应急响应能力的重要手段，通过演练，不仅能够提高人们应对突发事件的能力，减轻灾难损失，还能够提高人们的风险意识和心理素质。日本是一个自然灾害频发的国家，因此，日本政府高度重视民众的应急能力培训和应急演练工作。日本每年的8月30日至9月5日为“防灾训练周”，在这期间，各个地区的政府、企业、学校等都要进行应急演练，普及防灾避险和应急救援的知识。这不仅提升了民众自救互救的技能，还有助于培养公众面对灾难时沉着冷静、从容应对的心理素质。为此，各级政府和有关单位应该制定应急演练规划，定期组织开展突发事件应急演练，一方面可以检验应急预案、锻炼队伍；另一方面也能够帮助公众提高应对突发事件的心理韧性。

（六）深化灾害心理方面的理论研究

伴随着风险社会的到来，各类突发事件越来越频繁地发生在人们身边，不同类型的突发事件具有不同的特点和演变发展规律，因此深受事件影响的人群也会产生不同于日常生活事件的心理变化发展特点，这就需要研究人员在突发事件的背景下，深入研究不同类型、不同发展阶段下社会公众的心理行为特点，探索更为有效的、适合我国文化背景的心理干预技术和方法。基于灾害心理方面的研究不仅能够为公众的心理疏导提供更加有针对性的本土化解决方案，也能够为应急管理科学精准决策提供心理学上的支撑。我国灾后心理危机干预起步较晚，本土化的研究成果还不是很丰富，尤其是对于群体心理行为、社会心理行为以及应急心理服务方面的研究相对比较缺乏，为此，政府可以增加科研资金的投入，打造国家级的灾害心理研究机构、实验室、数据中心等，鼓励相关的高校、研究机构和专家学者积极参与。此外，还应加强与国际组织、学术团体和知名专家的合作交流，了解国际先进理论和技术，引入国际一流的资源和人才，开拓研究新的领域，深化灾害心理方面的理论研究。

二　突发事件中的心理危机干预机制

（一）完善政府主导、属地管理的心理危机干预机制

汶川地震后，政府和社会各界已经对灾后心理危机干预是救灾体系中的重要组成部分达成了共识，国家颁布的《汶川地震灾后恢复重建条例》和《汶川地震灾后恢复重建总体规划》中，都明确规定了要开展灾后心理援助工作。政府作为突发事件应急管理的重要主体，也是组织开展心理援助工作的主导者，由政府主导开展灾后心理干预工作已成为成功应对重大突发事件的重要经验。汶川地震和玉树地震发生后，就存在因缺乏统一的组织与协调、各个干预队伍的隶属关系不同、工作重点各不相同、信息沟通不畅的情况，不仅无法将有限的资源进行整合，还严重影响了心理干预的效果。因此，突发事件发生后，政府应将心理干预工作纳入到应急管理整体工作中，同步部署，第一时间指挥协调、组织动员和调集专业力量，形成以政府为主导、以专业力量为支撑、民间组织和志愿者积极参与的运行机制，这样才能确保干预工作有序、科学、规范地开展。此外，心理干预工作涉及面广，牵涉许多部门，这就需要在政府强有力的领导下，统筹协调不同部门的沟通与合作，避免专业工作者单兵作战、各自为政。

汶川地震发生后，由于缺乏统一指挥和协调，心理干预各方人员一拥而上，造成了有限资源的重叠使用，也给受灾群众带来了“二次伤害”，因此，灾后心理危机干预必须依托当地政府和相关部门，在当地指挥部的统一领导下，根据灾损情况和实际需求情况，统一协调派遣各方力量，并及时跟进灾情信息，随时对干预队伍做出调整。

（二）基于公众需求的信息发布，疏导社会情绪

突发事件往往都与公众的切身利益密切相关，因此，突发事件发生

后，公众会更加急迫地想不断获取有关信息，以便调整自己的行为，以有效应对危机。研究表明，面对突发事件，及时发布事件相关信息有助于公众了解事件的进展，减少由于事件不确定性引发的焦虑和不安；还可以增强公众的警觉性和防范意识，增强公众应对突发事件的信心。此外，及时的信息发布可以帮助公众了解政府的相关决策以及下一步要解决的问题，从而使公众能够主动配合政府的应急措施，协助政府做好突发公共事件的应对工作。而信息发布不及时则会给谣言的产生和传播提供空间。为此，突发事件发生后，政府和有关部门不仅要第一时间及时发布信息，还需要在了解公众需求的基础上，提高信息发布的质量。

要提高信息发布的质量，政府就应加强对公众信息需求的调研和关注，通过多种渠道来了解公众的信息需求，例如微博作为一种广泛使用的社交媒体平台，已经成为社会事件曝光和讨论的重要场所。微博用户可以较为自由地发表自己的观点、看法及意见，而微博内容也能在一定程度上反映出公众的态度。政府可以借助微博、微信等社交媒体及时掌握公众在突发事件发展不同阶段下的信息需求，并根据公众的需求变化来更新信息发布的内容，引导公众不断调整风险认知，有针对性地采取风险应对活动。由于突发事件涉及的相关利益者众多，如政府部门、受灾人群、应急响应人员、企事业单位、社会组织、基层社区、普通民众、志愿者等，他们在突发事件发生后对信息的需求是有所差异的，因此，信息发布的内容除了要满足公众的需求外，还需要关注更高层面的公共需求，加强政府与多元主体间的交流互动，掌握民意，摸清民情，争取民众最大的支持。

（三）基于时空二维模型分层分类实施心理干预

重大突发事件发生后，往往会涉及众多人员，灾后的心理卫生服务需求也骤增，而专业的心理干预人员数量又很有限，因此，开展心理干预首先要评估突发事件对公众心理影响的程度，关注重点人群和特殊人群，分层分类实施。2008 年卫生部印发的《紧急心理危机干预指导原则》中，就指出心理危机干预人群应分为四级，干预重点应该从第一级人群开始逐级扩展，一般性的宣传教育要覆盖到四级人群。2020 年，《新型冠状病毒感染的肺炎疫情紧急心理危机干预指导原则》中进一步将医护人员、疾控人员和管理人员等纳入第一级重点干预人群。汶川大地震后，研究人员发现不同地域空间的人们受到的心理影响是不同的，同时，随着突发事件的发展，人们的心理变化特点也有所不同，据此，提出了心理援助的时空二维模型，为分时段、分空间、分重点地开展心理援助提供了理论依据。基于这一模型，可以帮助组织者快速制定干预目标，明晰不同区域内、不同时间段实施心理干预的重点任务，也为长期的心理干预明确了方向。

（四）建立符合当地文化的本土的心理危机干预模式

在人类社会的发展进程中，每一个民族都有自己独特的文化，这种独特的文化在每一个个体及整个民族的心理行为形成过程中都发挥着重要的作用，在心理康复中也具有不可忽视的作用。因此，在开展心理危机干预时，应该从文化的视角去看待受灾群众的心理反应，他们不是被干预的特殊群体，而是具有极强潜能和内在复原力的个体，干预重点应在理解他们所处的文化背景下，发现、顺应、支持和促进他们自身的复原力，最终实现其心理重建和自我成长。例如，中国传统文化非常重视家庭关系，家庭成员的良性互动与个体的心理恢复有正向关系，因此，利用家庭功能的恢复有助于平复情绪，帮助受灾群众较快地从创伤中走出来。玉树是少数民族聚居地，他们的文化习俗与汉族明显不同，对灾难的理解和心理体验是不同的，在进行心理干预时，要根据灾区的实际情况，尊重当地的宗教信仰和文化传统，采取恰当的心理干预模式。不同于生命救援和物质救援，心理危机干预要遵循“以人为本”的原则，重视、尊重并充分利用文化资源，将传统的西方心理干预技术进行适应本土特点的改造，探索出更具有文化适应性的灾后心理危机干预的方法与模式。

（五）建立心理危机干预的信息共享系统

信息作为一种重要的资源和工具，是应急管理工作的基础、核心和保障，具有至关重要的作用。应急管理工作需要大量的信息支持，如灾害情况、人员伤亡、物资储备、救援队伍等，只有掌握了这些信息，才能做出正确的决策和采取有效的措施。心理危机干预也是一项复杂的系统工作，需要掌握受灾群众的基本情况、不同层级的队伍资源、医疗卫生系统资源、区域分布、志愿组织、基层组织等情况，还需要和各级政府、有关部门进行信息沟通、共享数据等。为此，应由应急管理部门和卫生健康部门共同建立心理干预信息数据共享系统，该系统可以实时收集、整理、分析公众的心理服务需求，整合服务资源、医疗资源、基层资源和社会资源，形成一个危机干预的应急信息数据库。各级政府和各类部门与组织之间可以进行信息交换，可以共享信息数据库。在开展心理危机干预时，就可以充分利用这一信息平台实现需求与资源的精准对接和精细化管理，大大提升危机干预的有效性。此外，信息共享系统可以收集和整理大量的心理危机干预数据，便于进行数据分析和开展研究，从而更好地了解突发事件下心理行为的特点和规律，提高心理危机干预的科学性和针对性。

（六）组建并培养当地的心理危机干预队伍

突发事件的发生会导致众多人员受到冲击和影响，而我国现阶段能够从事灾后心理危机干预的专业人员数量不足，还无法满足心理危机干预全覆盖的现实要求。此外，灾后心理干预的长期工作也需要有一批能够长期为灾区群众持续开展服务的固定的专业人员，其他地区的人员出于现实原因无法长期前往受灾地开展工作，而当地的工作人员更了解当地的实际情况，能够与当地群众更好地交流，组建并培养当地的心理干预人才是从根本上解决人才匮乏问题的有效途径。借鉴汶川灾后心理援助的经验，重点加强灾区枢纽人群的培训，以基层工作人员、中小学教师、医务人员、社区工作人员等为骨干力量，他们不仅自己急需心理学知识，也能够影响更多的人。对他们进行初级培训后，再从中进行选拔与再培训，进而培养形成当地的固定的专业的心理干预队伍。

三　突发事件后的心理重建机制

（一）完善心理援助工作的长效机制

世界卫生组织的调查显示，重大突发公共事件发生之后，20% ~40%的受灾人群会出现轻度的心理失调，30% ~50%的人会出现中至重度的心理失调，而在事件发生一年之内，20%的人可能出现严重的心理疾病，他们需要长期的心理干预。[①] 物质家园的重建可能会在较短的时间内完成，

① 转引自刘正奎《重大自然灾害心理援助的时空二维模型》，《中国应急管理》2012 年第 2 期。

而精神家园的重建则是一个长期而艰巨的过程，这一工作不仅仅是心理层面的问题，还会与灾后面临的现实生存发展问题叠加在一起，可能会成为引发社会不稳定的因素，因此，在重建阶段，心理干预工作更加重要，这是一项需要长期关注并坚持的工作，而建立常态化下的心理干预机制则显得尤为重要。各级政府作为灾后心理危机干预的主导者，在突发事件的重建阶段，要认识到长期开展心理干预的重要性，要将心理重建纳入灾后重建的整体部署中，由相关部门统一领导这项工作，在组织机构、制度保障、工作机制、人员配备、资金保障等方面做出安排。此外，还应立足长远，充分开发利用当地资源，依托本土的心理危机干预力量，建立本土化的长效工作机制，确保此项工作的长期可持续开展。

（二）加强基层社区的心理健康服务

社区不仅是人们居住生活的地方，还承载着许多社会管理和社会服务的功能。社区直接面对群众，能够较为准确地掌握居民的生活状况、主要需求、心理状态等，无论是在培养民众的心理健康意识方面，还是在预防心理危机和建设社会支持系统等方面都发挥着重要作用，因此，通过社区开展心理健康服务既便捷又有针对性。在此次突发公共卫生事件的应对过程中，政府就认识到基层社区在公众心理疏导中的重要作用，在《新冠肺炎患者、隔离人员及家属心理疏导和社会工作服务方案》中，就要求社区建立心理疏导和社会工作服务网络，在社区设置心理专干和心理咨询室。当前，我国的社区服务很少涉及心理健康方面的内容，今后应增加社区的心理健康服务功能。可以在社区卫生服务中心设立心理服务工作站，配备专职或兼职的心理服务工作人员，负责社区居民的心理健康工作。社区的心理服务站还应与市级的心理卫生中心对接，在必要时获取上级部门的资源和支持。社区还可以通过定期举办公益讲座、推送科普知识等方式开展居民的心理健康宣传教育。

（三）发挥社会组织的重要作用

国内外的应急管理实践都表明，政府与非政府组织的密切合作，是突发事件有效处置的重要成功经验。在发达国家的应急管理体系中，社会组织和志愿者始终是应急响应的重要力量。社会组织心理危机干预是一项复杂、长期的工作，就更加需要借助社会组织的有益力量来补充专业队伍的数量不足。政府主要是在宏观层面上发挥领导、组织、协调的职能，而大量深入细致、具体的、个性化的服务，尤其是在心理疏导、人际关系修复、现实生活问题、法律咨询等方面，社会组织发挥着不可或缺、不容忽视的作用。社会组织往往能够直接接触到基层群众，能够及时了解到群众的现实需求和心理状态。此外，社会组织的运作成本比较低，运行方式也比较灵活，可以不受政府科层制管理方式的限制，突发事件发生后，可以迅速灵活地赶赴现场开展工作。在恢复重建阶段，社会组织还可以成为政府和基层群众之间的中介者，一方面社会组织的社会渗透能力强，能够与受灾群众建立彼此信任的关系，他们帮助政府宣传相关政策，群众更容易接受；另一方面，受灾群众也比较愿意向他们表达自己的利益诉求，社会组织也可以将群众的需求和困难及时地传递给相关部门，促进问题的及早解决，成为政府政策推动的得力助手。因此，在心理重建阶段，政府应积极动员社会组织参与进来，拓宽参与渠道，构建与社会组织合作的长效机制，并出台相关制度或政策，为其发挥作用提供制度保障。

（四）建立社区与个体的社会支持网络

心理学研究表明，个体的社会支持网络越庞大，个体所获得的社会支持就越多，由突发事件导致的心理创伤复原的效果就越好。建立广泛的社会支持系统对于受灾群众的心理重建具有重要意义，家庭亲友的关心支持、心理学工作者的疏导介入、社会组织及志愿者的积极援助、政府及有关部门出台的推动灾后重建的政策扶持等，都是有力的社会支持，都可以极大地疏解由突发事件造成的心理社会压力，帮助受灾群众更好地恢复心理平衡，增进心理健康，从而实现心理重建。在恢复重建阶段，除了要促进家人关系、熟人关系的良性互动外，还需要重视社区对群众的社会支持作用。德国社会学家裴迪南·滕尼斯认为，社区是一种关系亲密、守望相助、存在一种富有人情味的社会关系的社会团体。[①] 社区是人们日常生活和交往的场所，物理距离的接近使得人们的互动和交流更加频繁，这种互动与交流可以促进社区居民之间的情感交流和信息交流，让社区居民产生

---

① 转引自王丽莉、梅燕京《突发灾难事件心理援助参与者的角色探析》，《厦门特区党校学报》2010年第5期。

归属感、认同感和信任感。突发事件发生后，人们熟悉并依赖的社区就成为人们相互支持的最基础的渠道。由于社区居民都受到突发事件的直接影响，大家面临的现实问题都比较类似，共同的经历和感受有助于大家相互理解和相互帮助，齐心协力想办法去克服困难。此外，社区具有一定的组织结构和管理机制，可以组织开展丰富多彩的社区活动、进行心理健康教育宣传、提供心理咨询服务等，这些活动有助于提高居民对心理健康重要性的认识，及早地发现心理健康隐患。因此，社区不仅是人们社会生活的基本单元，更是开展心理重建的重要平台。

（五）提供长期心理支持的经费保障

灾后心理危机干预是一项长期的工作，需要一定数量的固定的专职心理学工作人员，这些专业人员还需要持续地接受专业的培训和督导，需要不断更新自己的专业知识和技能。心理干预还需要一定的设备和场所，如心理测评工具、辅助咨询工具、热线电话、电脑设备等，这些设备和场所需要投入一定的资金进行定期的建设和维护。同时，心理干预需要不断深化研究，以便适应不同人群的需求、进行不同心理健康问题的干预，这些都需要长期的专项资金的支撑。因此，资金保障是灾后心理重建顺利开展的重要条件之一。政府应主动将资金保障纳入到心理重建的长效机制中，将心理健康服务列入财政预算，设立专项资金，专门用于这项工作。同时拓宽多种渠道筹措资金，通过税收优惠、财政补贴、政府采购等方式鼓励和吸引社会资本投入，以保障心理干预工作的长期开展。

（六）加强应急文化建设

人类已经进入了风险社会，风险社会的突出特征就是风险的多样性和严重程度不断提升，突发事件造成的伤亡损失、影响及复杂性与防控难度越来越大，因此要提高全社会的防控风险能力，不仅要加大应急管理基础设施、人才队伍、技术、经费等硬实力的建设和投入，还迫切需要加强应急软实力的建设，软实力不仅是应急管理能力的重要组成部分，还是提高全社会抵御风险能力和水平的关键助推器。应急软实力就包括应急文化、应急管理的价值理念、制度等。应急文化主要是指个人、组织及社会在防范与应对突发事件过程中在物质、精神、制度和行为等方面所表现出来的思维特征和行为方式，[①] 实质上就是人们对公共安全在思想意识、行为观念上的综合反映。应急文化是以安全价值观为核心的，往往会内化成为人们的自觉行动，包括风险防范意识、安全行为方式、自救互救意识和技能等。日本在应急文化建设方面值得学习，它将应急管理思想和应急教育融为一体，把培养民众的自救互救技能和面对灾难的良好心理素质作为应急文化建设的重要内容，而当前我国应急管理体系的薄弱环节之一就是我国公众的危机意识薄弱和自救互救能力不足。进入 21 世纪后，安全发展和加强安全文化建设已成为世界各国的普遍共识，应急文化作为应急管理体系的根基，它的建设不仅仅是通过应急科普教育来增强全社会的公共安全意识、风险识别能力和避险、自救互救能力，更是要提高整个社会、国家、城市的安全感，提升整个社会系统的韧性，增强全社会抵御风险、应对重大突发事件的能力。因此，应急管理工作不仅仅是对突发事件的应急处置，还应该融入社会生活的方方面面，营造应急文化氛围，在生产生活和城市建设规划的过程中，充分考虑可能存在的安全风险隐患，关口前移、科学谋划、合理布局、精准防御，通过应急文化来引领全社会构建常态化的、科学的、有效的应急管理体系。

① 温志强、李永俊：《“常态 - 安全”与“非常态 - 应急”：基于双螺旋递升模型的应急文化研究》，《上海行政学院学报》2022 年第 5 期。

第三章　突发事件下的群体心理与行为

第一节　突发事件对群体的影响

重大突发事件在给人们的生产生活、生命财产安全带来前所未有的威胁和挑战的同时，还会导致事件亲历者的心理和行为发生异常变化，并通过多种途径进一步引发更大范围的群体的心理异常，群体的心理反应又会影响群体的行为和决策，进而影响到突发事件的发展和处置，诱发次生衍生危机，严重威胁社会的安全与稳定。因此，研究突发事件对群体的心理影响，有助于深入了解群体在面对突发事件时的心理表现和行为机制，揭示群体心理行为的特点、演变发展规律和影响因素，为有效应对重大突发事件提供科学依据和理论支持。

一　相关概念界定

（一）群体的定义及特征

群体是相对于个体而言的，可以简单地理解为多个个体的集合体。多个个体基于某种特征结合在一起，互动交往，进行某项共同活动，就形成了群体。群体既同社会和个人相区别，又介于社会和个人之间，实质上是联结二者的中介。组织行为学认为，群体是两个人或两个人以上的集合体，他们遵守共同的行为规范，在情感上互相依赖、在思想上互相影响，有着共同的奋斗目标。个体通过群体活动能够获得安全感、责任感、亲情、友情、关心和支持等。可以说，对于群体这个概念，目前还没有形成完全统一的定义。群体形成与发展的最基本条件有：共同的目标或关注的事项；具有一定的组织结构、规范或规则；具有群体意识；成员之间能够协作和配合。按照群体构成的原则和方式，可以把群体分为正式群体和非正式群体。正式群体具有明确的组织目标、正式的组织结构、成员具有明确的分工。非正式群体是人们在交往的过程中，由于共同的兴趣、爱好或需要等而自发形成的群体，它没有明确的组织规定，没有固定的形式，成员之间的联系和交往比较松散、自由，但却具有较强的凝聚力。重大突发事件下的群体是指直接或间接接触到事件且以某种活动方式组合而成的人群集合体，属于非正式群体。由于突发事件涉及的范围广泛，受影响的人员众多，突发事件下的群体主要包括：直接亲历者、遇难者及受伤者家属、救援人员、企事业单位人员、政府工作人员、社会公众、媒体人等。

突发事件下形成的群体与一般的群体相比，具有非正式性、临时性、复杂性等特征。突发事件发生后，人们的基本生存需求受到了极大威胁，人们的经历和心理体验都是相似的，共同的感受和需求会促使人们走到一起，自发形成了非正式群体，它不需要授权或经批准，不具有固定的形式，也没有明确的组织规定和职责分工。由于它的形成是伴随着突发事件的发生而产生的，随着突发事件的有效控制和相关问题的妥善解决，这个群体也会自动解散，所以它的形成具有临时性特征。由于突发事件的类型、破坏程度、影响范围等有所不同，它所造成的后果和引发的后续问题会比较复杂，形成的群体也会在人数、规模、类型、结构、诉求等方面较为复杂。此外，它还具有非正式群体的其他特征，如凝聚力强，但也容易滋生谣言，等等。

（二）群体心理及特征

群体心理是指群体成员之间相互作用、相互影响形成的心理现象与心理活动，它支配着群体行动，决定了群体行动的发生机制。群体心理研究是社会心理学中的核心内容。从心理学角度来看，当一群人聚集在一起时，就会表现出一些区别于构成个体原有特点的非常鲜明的心理特征。群体心理的首要特征就是个体意识的消失，在群体中，个体的情感和思想被引向某一个确定的方向，个体的智力下降，个体的特征被淹没，无意识力量占据上风。个体自我意识的丧失，使情感和思想在暗示和传染的作用下趋从于群体的方向，成为一个不受自我意识支配的个体。群体心理的特征还表现为群体心理的非理性特征。在日常生活中，个体的行为往往是受理性支配的，而在群体中，人们行为的无意识特点突出，理性因素的作用很小。孤立的个体能够控制自身的反应，而群体的行为并不完全受大脑控制，而是受到各种各样外部刺激的控制，表现为冲动、易变和急躁。尤其在突发事件下，面对强烈的外部刺激，群体的自我控制水平下降，群体的情感会表现得更加强烈和夸张，行为反应则会更加冲动和盲目。加之事发初期相关信息非常缺乏，大多数个体往往会盲目地跟从他人，这时不实信息会滋生和传播，群体表现出易受暗示和轻信的特征。

二　群体心理的理论基础

（一）群体心理学

群体心理学的代表性人物是法国社会心理学家、社会学家勒庞（Gustave Le Bon）。他在其代表作《乌合之众：大众心理研究》一书中，指出当一群人聚集在一起时，他们不再是原来的自我，也不是单个个体的简单累加，他们会表现出与个体完全不同的特征，形成了一个具有心理学意义的群体，他称之为"心理群体"，即心理共同体。个体一旦融入群体，无论他们拥有什么样的智力、职业、性格、生活方式等，其个性都会消失，受到群体感情和思想的统一支配。这种群体心理与个体心理差异的原因，他认为是无意识现象发挥着决定性作用。与个体心理相比，勒庞认为群体心理具有几个突出特点。第一，群体中的个体是匿名的、免责的，可以不受责任感的约束，放纵自己的本能。作为孤立的个体时，他可能是一个文明人，但在群体中，他可能就是一个野蛮人，完全受本能所支配。同样，群体也受无意识动机支配，在行为方面表现为冲动、急躁和易变。第二，传染性。群体中，所有情感和行为都具有极强的传染性，个体的思维判断能力下降，极易为了集体的利益而做出牺牲个人利益的行为。第三，暗示性。群体在无意识的控制下极易受到任何暗示的影响，完全不具备批判能力。这种暗示也具有传染性，受到暗示的人们会转化为行动的倾向。第四，群体是偏执和保守的。个体处于群体中，智力水平会大幅下降。同样，群体的理性水平也非常有限，表现为要么偏执要么保守。第五，群体的道德水平。他认为群体的道德水平十分低下，但有时也会表现出崇高的献身、牺牲和不计名利的举动。

（二）群体动力理论

群体动力理论（Group Dynamics Theory）亦称"团体动力理论"，是由德国社会心理学家卡特·勒温于20世纪40年代提出的，他将物理学中的场论引入心理学中，研究群体相互作用中的动力特征，试图从群体成员之间各种力量相互依存、相互作用的关系，来说明群体中的个人行为。该理论认为，一个人的行为（B），是个体内在需要（P）和环境外力（E）相互作用的结果，可以用函数式 B = f（P，E）来表示。群体不是人们的简单集合，而是一个动力系统，是一个整体。群体动力就是要分析群体中的各种力量对个体的作用和影响，会涉及各种潜在因素的交互作用、群体对个体行为的影响和群体成员之间的相互关系。勒温认为个人和他所处的环境会形成心理场，群体和群体所处的环境则会形成社会场；个体行为会受到其生活空间内各个区域间的相互关系的影响，团体行为则会受到社会场中各个区域的相互关系的影响。群体动力学试图通过对群体现象的动态分析发现一般的规律，它的研究内容有：群体压力和群体规范（如从众现象、羊群效应等），群体的凝聚力（如决定群体凝聚力强弱的因素），群体目标（如有无群体目标对群体行为的影响）和成员的动机和出发点、群体的组织形式、群体领导方式等。

三　群体的心理效应及行为倾向

（一）从众效应

从众效应是一种非常普遍存在的社会心理和行为现象。从众行为指的是个体在群体的影响或压力下，放弃自己的意见或违背自己的观点让自己的言论或行为与群体保持一致的现象，也就是通常所说的“随大流”。个体在群体中往往会不知不觉地受到他人的影响，在知觉判断和行为上，表现出屈从他人的倾向。如果个体发现自己与组织中的大多数人不一致、有分歧时，会感到内心紧张，为了消除这种紧张心理，个体会放弃自己原来的立场，与大多数人保持一致。从众行为产生的原因是多方面的，如群体压力、心理不确定性、信息不充分、社会文化因素、个性因素，以及性别、年龄、文化程度、生活阅历等都会对个体的行为产生影响。行为科学指出，凡是群体必然存在群体压力，这种压力势必会对个体行为产生影响。当个体在群体中与大多数人的意见有分歧时，就会感受到群体的压力，这种压力会迫使个体违背自己的意愿产生完全相反的行为。个体在做出判断时，往往需要一定的信息量，而面对不确定的情况或信息不充分时，从众心理容易发生。文化背景也会影响个体的从众行为。例如西方文化更强调个性，东方文化更强调谦虚。当与群体的意见相左时，东方文化背景下的个体更容易不安，自我怀疑。性格也会影响从众行为，与性格外向自信的个体相比性格内向缺乏主见的个体更容易从众。此外，女性的从众行为会多于男性；文化程度低的人会多于文化程度高的人；年龄小的人会多于年龄大的人；社会阅历少的人会多于社会阅历丰富的人。从众行为的效应是两方面的，一方面从众行为会抑制个体的思维，使人们陷入盲目从众的习惯中，缺少独立思考和批判精神，有时会造成不可挽回的损失。[①]但另一方面从众行为也具有一定的积极意义，如果大家都心往一处想，劲往一处使，互相激励、团结一致，将会形成一种无穷的力量，推动工作事业的开拓，也有利于良好社会氛围的建立，促进个体心理平衡的达成。

（二）心理暗示

心理暗示是人们日常生活中最常见的心理现象。心理学家巴甫洛夫曾指出，暗示是人类最简单、最典型的条件反射。在日常的社会生活中，人们非常容易受到别人的暗示，受暗示性是人类的一般特性。暗示是指在无对抗的条件下，通过不明显的方式如语言、表情、肢体语言或符号等对他人的心理和行为产生影响，使得个体不加分析和批判地接受某一个意见或思想，从而按照一定的方式去行动的心理现象。勒庞认为，个体处于群体中会失去自我意识，在无意识状态下对暗示者唯命是从。影响暗示效果的主要因素有：暗示者自身特点，如权威、社会地位、威望及人格魅力等对暗示的效果有显著影响。被暗示者的个性特征，如独立自信的个体，受暗示影响小于独立性弱、不自信的个体。一般来说，受暗示者的性别、年龄、知识水平等都与暗示效果有关。年龄越小，越容易受暗示；女性比男性容易受暗示；知识经验不足的个体比知识经验丰富的个体容易受暗示。被暗示者所处的情景是影响暗示效果的客观因素，当个体处于不确定的困难情境下，又缺乏社会支持时，更容易受暗示。

（三）模仿

法国社会学家加布里埃尔·塔尔德在其经典著作《模仿律》一书中，

---

① 转引自李云捷、伍永亮、张同航《从众行为的心理探析》，《山东省青年管理干部学院学报》2008 年第 1 期。

指出模仿是社会运行的基本机制，只有与模仿者信念和欲望一致的事物才会得到及时模仿。[①] 模仿是指在没有外界压力的条件下，个体模仿他人的行为举止而产生与他人相类似的行为活动，是为了使自己与模仿对象相同或者相似。换言之，模仿就是观察者对示范者某种行为的复制，复制是模仿最重要的本质特征。作为社会学习的重要手段，人们倾向于模仿同类示范的行为，模仿也就更容易在社会互动的情境下产生。在群体中，模仿可以使群体成员在态度、情感和行为上的一致性提高，有利于提升群体凝聚力。影响模仿的因素有：示范者因素、示范内容与传递方式、社会情境因素、模仿者的认知水平和经验等。心理学家们大多认为模仿是一种本能，塔尔德认为模仿是先天的，班杜拉则认为模仿是一个社会学习过程，人是通过观察他人的行为进行学习模仿的。

（四）情绪感染

心理学家威廉·麦独孤（William McDougall）最早将情绪感染（Emotional Contagion）定义为：通过原始性交感神经反应产生的情绪直接感应法则。大多数定义都认为情绪感染是由他人情绪引起的并与他人情绪相匹配的情绪体验，是一种情绪传递的过程[②]，涉及个体、情绪、情绪传播的心理过程。对于情绪感染的发生机制主要有三种观点，一种观点认为情绪感染是基于模仿的自动化的、无意识反应；另一种观点则认为情绪感染是一个有意识的过程，它既是交流某种特定的情绪，又是从他人身上移入某种情绪。也有观点认为，情绪感染过程包括潜意识、自动化的原始性情绪感染，也包括意识水平的情绪感染过程。[③] 由此可见，情绪感染的发生机制涉及情绪发送者与接受者之间的动态相互作用，其典型的特征是情绪接触与传递，具有社会互动效应。这一现象具有跨文化的普遍性。个体差异（如性别、职业、人格及亲疏关系等）、双方关系的亲密程度与环境因素都会影响被他人情绪感染的程度。一般来说，女性比男性对情绪感染更敏感。不同职业、不同人格特质、特定的情境都会对情绪感染的程度产生一定影响。有研究指出在较大规模的群体或组织中存在情绪感染，情绪输出

---

① 转引自郭小安、李萌《重访群体心理研究的灰色地带：勒庞、塔尔德和弗洛伊德的群体思想比较及现实启示》，《湖南师范大学社会科学学报》2022 年第 1 期。

② 张奇勇、卢家楣：《情绪感染的概念与发生机制》，《心理科学进展》2013 年第 9 期。

③ 张奇勇、卢家楣：《情绪感染的概念与发生机制》，《心理科学进展》2013 年第 9 期。

者与群体成员间会形成交互作用的“情绪循环”，例如，观察者接收到愤怒者的情绪后通过回馈过程反馈给输出者，从而进一步加强输出者的愤怒感，在这一机制的作用下，群体中往往会出现“情绪同质化”的现象。[①]

（五）去个性化

法国社会学家勒庞在其著作《乌合之众：大众心理研究》中，分析了个体融入群体后心理和行为的变化，其中就涉及“去个性化”（deindividualization）。去个性化是指个人在群体中感到个体性的丧失，降低了对行为的觉察和控制，从而产生个人单独活动时不会出现的行为，即以非典型的、反规则的方式行动。[②] 去个性化的个体会表现出一些典型的特点，如个体有意识人格的消失，无意识人格占主导地位；在群体成员暗示与感染的影响下，个体的观念和情感发生转变，倾向于将他人暗示的观点转变为行动等。此时，个体已不再是原来的自己，而成为不受自己意志控制的另外一个个体。去个性化会导致从众行为的增加、非理性行为甚至过激行为的不受控制。去个性化产生的原因有以下几个。第一，匿名性（anonymity）。由于匿名因素，群体中的个体认为他人不认识、不了解自己，其不符合社会规范的行为不会被别人发现，这样就助长了个人破坏规则的冲动行为。第二，责任分散，个体单独行动时，会考虑到行为的后果，而在群体中，责任感被削弱，个体认为群体应承担相应责任，自己不需要承担责任。第三，自我意识下降，去个性化最根本的原因在于自我意识减弱，更容易对情景线索做出反应，极易受群体的暗示和群体情绪的感染。

（六）责任扩散

社会心理学家 B. 拉塔内（B. Latane）提出了“责任扩散效应”（Decentralized responsibility effect），他发现，在社会公共场合，由于其他人在场，人们感到责任分散给了在场的所有人，因而自己的责任减少了，所以当其他人不采取行动时，便认为自己也没有采取行动的必要。[③] 尤其是在发生某种紧急情况时，如果有其他人在场，那么在场者所分担的责任就会

---

① 钟智锦、廖小欧、游宇霞：《网络社区中的情绪感染现象——基于环境类议题与爱国主义类议题的实证研究》，《新闻记者》2019 年第 9 期。

② 转引自兰玉娟、佐斌《去个性化效应的社会认同模型》，《心理科学进展》2009 年第 2 期。

③ 转引自梁桂《班级活动中责任扩散效应分析及对策》，《班主任》2006 年第 3 期。

减小，每个人都认为助人的责任应该由大家共同承担，把帮助的责任扩散到其他人身上。责任扩散效应也被称为“旁观者效应”，即有他人在现场的情况下，个体往往不太可能实施助人行为的现象。如果个体被要求单独完成某件事情或某项任务时，责任感就会很强，会作出积极的反应；如果是要求一个群体共同完成某项任务时，群体中的每个个体的责任感就会减弱，尤其在面对困难或需要承担责任时就会退缩，个体往往会期望别人多承担些责任。通常在只有个体一人在场的情况下，个体会清楚地意识到自己的责任，拒绝帮助他人的成本很高，人们实施干预的责任感会增强；当有其他旁观者在场的情况下，人们实施干预的责任感会减弱、分散，越多的旁观者在场，人们就越不愿意实施干预，对他人的道德责任被悬置起来并失效了。[①] 这种责任扩散效应会造成“集体冷漠”的局面。

（七）社会助长效应

群体心理效应是指当个体处于群体中时，他的行为会因他人在场和群体环境的影响而发生一些变化，“社会助长效应”（Social Facilitation）就是群体心理效应中的一种，它既属于群体心理学的研究内容，也是社会心理学的研究内容。美国社会心理学家奥尔波特提出了“社会助长”概念，即个体在别人在场或与别人一起活动时所带来的行为效率提高的倾向。大量研究都表明，他人在场或群体性的活动对个体行为有明显促进作用。社会助长不仅可以引起个人行为效率的提升，还可以提高工作质量。影响社会助长的因素因所处状态的不同而有所不同。常见的社会助长效应主要有两种类型：一种是结伴效应，即两人或多人一起进行相同或类似的活动，相互之间会产生相互刺激，进而使得个人的表现更好，效率更高；另一种是观众效应，当他人旁观、有观众在场时，个体会表现得更好。社会助长产生的原因可能是他人在场促进了个体的生理唤醒，从而提升了个体采取优势反应的可能性。但也有研究发现，他人在场或与别人一起工作并不总是能够带来社会助长效应。随着工作难度的增加，社会助长作用会逐渐下降，可能会出现与之相反的社会抑制效应。社会抑制效应就是他人在场对个体绩效的抑制现象，原因可能是他人在场导致个体

① 潘小芳、郭瑞迎：《责任分散理论视域下家校责任共同体的构建》，《教学研究》2017 年第 6 期。

注意力的分散，尤其是在任务比较艰巨的情况下，个体难以集中注意力，导致工作效率降低。

四　突发事件对群体心理的影响

由于重大突发事件的突发性及严重破坏性给群众造成了较大的心理恐慌，在这种非常态情景下，群体成员之间通过相互作用、相互影响形成的群体心理与行为往往具有非理性、传染性、复杂性等特点，群体心理会随着突发事件的发展进一步迅速演化，很容易引发次生衍生事件，给全社会带来更大的恐慌。

（一）群体恐慌

面对突发事件，人们会不同程度地产生紧张焦虑、害怕无助、悲观绝望等心理反应，还可能出现一些非理性行为，这些反应在心理学上被称为“恐慌”。苏联亚罗舍夫斯基和彼得罗夫斯基主编的《心理学辞典》中指出：恐慌是在个体的社会生活或生物生存受到威胁的情境下产生的情绪反应，它是以想象的或实际的危险源为目标。[①]恐慌是人在面对危险情景时心理、行为以及生理方面出现的非适应性变化，是面对突发事件时极易产生的一种异常心理。在心理方面，出现恐惧焦虑、心慌烦躁、注意力不集中、思维受阻、判断力下降；在行为方面，出现惊慌失措、强迫行为和非理性行为等；在生理方面，出现呼吸困难、肌肉酸痛、肠胃不适、头晕、失眠等多种身体不适、免疫功能下降；等等。适度的恐慌是人们在面对危机情境时不可避免的正常身心反应，这种心理反应在一定程度上可以提高人们的警觉度，激发人们战胜危机的潜能，但是过度且持续的恐慌会加重人们的心理负担，影响其身心健康，削弱其应对危机的抵抗力。尤其是突发事件中的群体心理恐慌，强度大又极具感染性，会严重影响群体的行为，进而对突发事件的有效处置和社会稳定带来极大挑战。

重大突发事件发生后，人们经受着前所未有的挑战，恐慌情绪是人们内心压力的宣泄口，也是应激状态下最为强烈、最为突出的心理表现。

---

① 转引自胡玲、韦静《突发重大疫情引起的群体恐慌心理分析与干预》，《湖北经济学院学报》（人文社会科学版）2020 年第 10 期。

群体情绪本身具有不稳定、极易变化、易受暗示和传染的特征，在突发事件的发展中更为突出。群体情绪的性质并不完全是由该事件的性质决定的，而是与对该事件的评价有关。本质上讲，恐慌是全社会对突发公共事件的一种客观反映，是非常态情境下群体行为的一种特殊表现，反映出群体对于自身或社会危机承受能力的不确定和不信任，会导致自我控制感和安全感的下降。面对突发事件时，人们会优先关注其中的负面信息，从而更容易产生负面情绪，恐慌情绪也极易被唤起。心理学研究表明，情绪会影响人们的认知过程，也是促使个体由认知转化为现实行动的重要动力因素。在恐慌情绪的影响下，公众会对周围环境和自身状况过度焦虑，夸大灾难的消极结果，低估自身应对危机的能力，从而产生认知偏差。群体情绪的相互传染会加剧群体认知偏差，进而决定着群体行为的选择倾向。近期研究还发现，网络社交媒体也成为恐慌情绪迅速扩散的主要载体。

在四大类突发事件中，突发公共卫生事件与自然灾害、事故灾难、社会安全事件的危害有所不同，它所引发的群体恐慌最为强烈且具有持久的弥散性。首先，公共卫生事件所具有的高传染性使得突发疫情的传播不受地域空间的限制，它会随着人群的流动而扩散，因此，群体恐慌的辐射范围也更为广泛。其次，公共卫生事件所引发的群体恐慌既源于实际发生的疫情，还取决于人们对疫情信息的加工，这种对疫情风险的感知会影响公众恐慌的程度，因而，群体恐慌可以脱离疫情本身进行传播。最后，现代信息传播技术日益多样化，不同传播渠道的信息来源是不一致的，这些不一致的疫情信息会直接导致或加重群体恐慌，使得疫情信息在传播的同时，也在传播着群体恐慌。

（二）群体恐慌行为

人们的行为反应是心理活动的外在表现，行为反应是由多种因素共同作用而产生的。突发事件的不同类型、不同强度，影响后果各不相同，同时，事件发生的空间、时间也有其特殊性，从而不同类型突发事件诱发的公众行为反应的差异性很大。即便是经历相同的突发事件，出于个体自身原因、心理反应、支持资源等方面的差异，公众的行为反应也是不同的。如灾难发生时，有的人惊慌失措，盲目避险逃生；有的人极度恐慌、呆若木鸡，不能行动；有的人则临危不乱，成功避险；有的人自私自利，见死不救；有的人则表现出极强的利他主义精神。[①] 突发事件发生后，公众的行为反应本身就是应激反应的一部分，在这个过程中，认知加工又是影响公众应激反应的重要中介变量。行为选择理论认为，个体行为选择的决定因素也涉及对突发风险的认知。风险认知是指突发事件发生时，公众对这种突发风险所进行的信息加工、认知评价以及判断，风险认知会引发公众的情绪反应和决策行为。一般来说，风险认知越大，越容易引起公众心理上的恐慌，也就越容易出现非理性的恐慌行为，如盲从行为、逃离行为、哄抢行为等，这些非理性行为可能会引发次生事件，带来更大的人员经济损失和社会稳定风险。

1. 恐慌行为

恐慌行为是指突发事件发生时，个体在极度紧张、恐惧不安、心理失衡状态下出现的一些非理性的社会行为，个体的恐慌行为在群体情绪感染、暗示模仿、不实信息传播等影响下，极易演变成群体性的恐慌行为，从而引发更为严重的社会混乱，影响突发事件的有效处置和灾后社会秩序的稳定。威胁僵化理论也认为，威胁情境的感知会使个体的自控力下降，从而导致出现抢购等大规模的恐慌性应对行为。

突发事件下的恐慌行为主要包括出逃行为、恐慌抢购行为、过度防御行为等。出逃行为是指个体在避难过程中，混乱和恐惧经由群体传染而导致的大规模的群体逃跑行为，极易引发诸如踩踏等次生灾难。恐慌抢购行为是突发事件发生后常见的一种群体行为，有研究者认为恐慌抢购行为的成因主要有外因和内因两种，外因主要是突发事件发生后物资商品的供给和个体实际需求间的不平衡问题，内因主要是源于个体恐慌情绪的加剧和从众心理的影响。有学者从心理层面指出突发事件打破了公众原有的心理平衡，产生了心理冲突，而恐慌抢购能够在一定程度上改善这种心理冲突。恐慌抢购行为容易在群体中扩散开来，主要与从众心理有关。过度防御行为是一种非理智的不适应行为，是突发灾害情形下人们采取的过激行为，如 SARS 期间人们在非必要场合佩戴口罩、不敢去公共场合、不敢乘坐公共交通工具、过于频繁地消毒和洗手等。影响群体恐慌行为的因素有以下几点：一是个体层面的特质变量，如性别、年龄、受教育程度、灾害知识和经历、恐慌程度、社会支持系统；二是突发事件的客观特性，如突

① 朱华桂：《突发灾害情境下灾民恐慌行为及影响因素分析》，《学海》2012 年第 5 期。

发事件的严重程度、持续时间、是否是新发风险等；三是公众的风险感知、群体互动、媒体传播等。

2. 反社会行为

反社会行为是指突发事件发生后，人们表现出来的盗窃、哄抢、抢劫和犯罪等触犯法律的行为，这些行为多发生在灾情相对稳定后。一般而言，受灾害损失影响越严重的地区，发生大规模哄抢事件的概率就越大。哄抢主要涉及生存型哄抢和趁火打劫型哄抢两大类型。生存型哄抢往往是由于缺乏生活必需品，救援物资未能及时送达，民众在生命健康受到威胁的情况下，现场没有任何机构和组织对救灾物资进行保卫和及时分配时，就可能会发生生存型哄抢。救灾物资分配不均的情况下也会发生哄抢。重大突发事件发生后，由于事发现场的治安保卫力量暂时出现真空，公私财产处于无人看管的状态，极易发生趁火打劫型哄抢，趁火打劫型哄抢的主要目的就是侵财，从而导致个人、集体、国家财产遭受损失[①]，致使社会秩序发生严重混乱。此外，群体在灾难事件后也会产生诸如政治偏见、民族歧视、报复心理和攻击性行为等一系列反社会行为。此外，群体性骚乱也可能会在突发事件发生后出现。美国的新奥尔良市在遭受“卡特里娜”飓风袭击后，整个城市一度陷入无政府状态，就出现了骚乱、抢劫、强奸等事件。由于灾难之后，灾区社会陷入混乱，加之管理不当，就会存在发生骚乱的危险。身处灾难中，人们的情绪和认知都受到了巨大的冲击，强烈的情绪刺激会使大脑的杏仁核被激活，大脑的理性思考能力会下降，因而可能会做出很多非理性的决策。当很多感受到同样情绪的人聚集到一起时，就会相互感染、暗示、模仿诱发更为强烈的负性情绪，导致群体出现骚乱等过激行为。

3. 亲社会行为

亲社会行为（prosocial behavior）是指一切符合社会期望而对他人、群体或者社会有益的行为，不管助人者的动机是什么，其行为的后果是给行为的接受者带来好处，亲社会行为主要包括谦让、合作、分享、助人、捐献、安慰、同情等形式。[②] 亲社会行为在增进人际交往、促进人际和谐、提升个体幸福感、实现个体自我满足等方面具有十分重要的意义。有研究

---

① 吕美琛、刘建昌：《防范自然灾害事件向社会安全事件演变之初探（一）》，《广西警官高等专科学校学报》2011 年第 2 期。

② 甘琳琳、佐斌：《亲社会行为的动机理论》，《哈尔滨学院学报》2006 年第 12 期。

发现，“9·11”事件后美国民众表现出更多的亲社会行为，其中在个人捐赠行为中，捐赠动机有缓解自身忧虑、缓解他人痛苦、表现爱国主义、表现公民责任、希望在类似情况下获得支持等。这些研究表明，灾难经历会影响个体的合作与互惠利他水平，灾难创伤经历可以使个体表现出更多的亲社会行为，这些亲社会行为在一定程度上也是缓解自身消极情绪的有效手段之一。可以说，每一起突发事件发生后，全社会都会涌现出大量的无偿献血、慈善捐赠、志愿者服务等利他行为。有学者用价值保护理论来解释灾难事件后群体的消极和积极反应。该理论认为当人们原有的价值观或信念受到威胁时，就会产生忧虑反应，并会重建他们的道德秩序。人们会通过两种途径来处理自身的忧虑反应，即道德愤怒和道德净化。道德愤怒是指个体对被认为是威胁源的对象采取辱骂、对抗行动，从而试图恢复心理平衡。道德净化则是个体唤起自己的基本美德和价值，来应对当前面临的不道德或邪恶事件。[①] 也有研究认为，重大突发事件发生后，政府积极开展救助和个体之间的人际互助会提高公众对政府的信任度，进而影响人们的亲社会行为。还有研究指出，突发事件后及时、有效的灾难信息传播也会促进公众移情、道德认知的提升，唤起更多的社会救助行为。

（三）群体恐慌产生的原因分析

1. 突发事件本身的特性

突发事件的发生是公众出现恐慌心理的最根本诱因，由于突发事件的高度不确定性和后果的不可预期性，加上严重的破坏性会使人们措手不及，感到自身能力不能对其进行有效控制时，原有的心理平衡被打破，就会引发人们强烈的恐慌感和无助感。突发事件的不同类型、事件持续时间、事件规模等因素也都会影响民众恐慌心理的程度。突发事件的发生还会导致原有正常生活秩序的混乱，加之临时采取的一些管理措施感，使得人们的学习生活状态发生了很大变化，这些都会加剧心理上的不适，产生无助和失落心理。

2. 安全感受到威胁

安全感是对可能出现的对身体或心理造成的威胁或风险的感知，以及

---

① 安媛媛等：《美国9·11事件对个体心理与群体行为的影响——灾难心理学视角的回顾与展望》，《北京师范大学学报》（社会科学版）2014年第6期。

个体在应对处置时的确定感和控制感。美国人本主义心理学家马斯洛在其需要层次理论中，将安全需要列为人类生存发展的基本需要之一，安全需要涉及人身安全、健康保障、家庭安全、财产安全等。当人们的安全需要得不到满足或受到威胁时，人们的心理就会失去平衡，表现出恐慌心理。重大突发事件往往都是严重威胁人们的基本生存需要，人们面对突发事件时也往往感到无能为力、难以应对，恐慌的产生实质上就是民众对当前环境掌控能力丧失后的一种应激反应。

3. 权威信息的缺失、迟滞及谣言的传播

突发公共事件的突发性、破坏性及未知性都刺激着公众的信息需求。事件发生后，公众迫切需要了解灾害起因、灾害后果、如何避免灾害风险以及与基本生存有关的食物、药品、医疗、安置等信息，以便降低不确定性、缓解公众恐慌焦虑情绪和做好应对处置。一般来讲，政府或相关部门发布的通告和信息、主流媒体发布的信息都是权威信息，亲人朋友、同事、邻居以及公共场所他人的议论都属于非正规信息。民众对于正规权威信息是比较信任的，对于非正规信息的信任度是比较低的。当政府和相关组织、专业机构没有及时发布准确的权威信息时，公众往往就会依赖于非正规信息，这些信息往往都不准确、不完整甚至是谣言，从而进一步加剧了公众的恐慌和对政府、组织的不信任。公众的恐慌和不信任不仅会影响公众的风险认知，还会因不合理的风险判断引发更多的非理性行为，导致大规模的社会混乱和人员伤亡，对政府和专业机构的形象和信誉造成损害。

谣言的传播也会加剧群体的恐慌。谣言是没有任何事实依据，未经官方证实却在民众间广泛流传的信息。每一起突发事件发生后，都会伴有谣言的产生，谣言实质上是公众面对威胁时的一种防御性反应和一种缓解心理压力的需要。美国社会心理学家奥尔波特指出谣言 =（事件的）重要性 ×（事件的）模糊性，当事件对人们很重要且有关事件的信息不清楚时，谣言极易产生并且会迅速传播开来，不实信息的快速传播又会进一步加剧公众的恐慌心理，甚至引发社会动荡。

4. 集群心理效应加剧恐慌心理

首先，从众心理引发群体恐慌。恐慌心理在一定程度上也与群体压力有关。个体在群体中会不自觉地受到群体的影响，希望与群体中的大多数人在态度和行为上保持一致，群体规模越大，群体压力就越大，从众行为就越明显。突发事件发生后，人们会对事件的原因、后果、影响等密切关注，在个体恐慌心理的作用下相互交流各种信息，即便是最初不太关注事件的个体也会在周围人群的影响下，开始关注并传递事件信息，使得恐慌情绪在人群中持续传递。其次，群体成员间的暗示、模仿、情绪感染和情绪激发等也会加剧恐慌情绪的扩散。突发事件事关每个人的切身利益，人们会自发地聚集在一起，一旦融入群体，个体的自我意识就会弱化，理性判断能力会下降，情绪极易受到感染，且传递速度极快。情绪感染会使整个人群情绪高涨，成员之间相互刺激、相互模仿，在这种高度狂热的情绪支配下，就为集群行为的发生奠定了基础。

五　突发事件下群体心理的发展变化特点

“安全流变—突变”理论揭示了事物安全演化过程的本质规律，指出任何事物的发展都要经历由量变到质变的过程。人们的心理过程也是动态的变化发展过程，会随着主观意愿和客观环境的变化而变化，一般会经历发生、发展、消亡等几个阶段。目前，已有研究将“安全流变—突变”理论引入心理变化过程等方面。有学者基于这一理论，提出了突发事件下群体心理发展变化的四个阶段。第一阶段，突发事件发生后（OA 阶段，见图 1），与事件直接相关或间接相关的人群会受到较大的心理冲击，出现紧张焦虑、烦躁恐慌心理。由于事发初期，相关信息缺乏，对事件起因、影响、后果等不明确，群体情绪相互感染，群体心理损伤量会随着时间呈现减速递增变化。第二阶段，随着事件经过一段时间后，群体对于事件的情况，如伤亡情况、事件的严重程度、应对措施等有了一定的了解，但对于事件的长期影响和未来的走向等仍不确定，心理影响还是会逐渐增大，但相比上个阶段，比较稳定，群体心理进入一个稳定慢速变差阶段（AB 阶段），这一阶段群体中仍然存在较大的恐慌心理，从众、暗示、模仿、情绪感染等群体心理效应仍然发挥作用，群体的非理性特点突出，群体规模会进一步加大。第三阶段，如果突发事件没有得到进一步有效的控制，其危害性依然存在；信息公开不及时导致谣言的传播；突发事件诱发出多重社会矛盾等，这时群体心理会进一步恶化，进入加速变差阶段（BD 阶段）。该阶段群体心理主要表现为去个性化、责任扩散效应和借机发泄心理，群体成员之间情绪传染、相互模仿加剧，进而出现更加不理性的群体行为，严重的会导致次生衍生突发事件的爆发。在这一阶段，C 点是一个临界点，越过了 C 点群体往往会失去理智，出现不可控的行为。第四阶段，当突发事件结束一段时间后，人们对整个事件的过程有了更为清晰的认识，群体心理归于平静，损失量近似零值，群体心理进入一个新的起点（E 点）。①

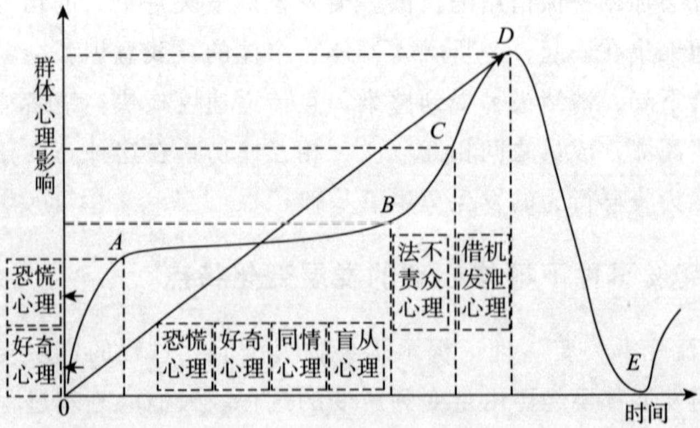

图 1　突发事件下群体心理的安全流变—突变规律

第二节　谣言的传播机制

一　谣言的定义及网络谣言的特点

谣言自古就有，在人类的社会生活中非常普遍，是一种复杂的社会现象。它作为一种非正式渠道的社会信息交流形式，对人们的社会生活有着巨大的影响。它会通过社会公众之间的信息传递来影响人们的态度、信念和行为。社会学、传播学、心理学都有着各自不同的定义，目前，对于谣言还没有形成较为一致的定义。美国社会心理学家奥尔波特在其《谣言心理学》一书中将谣言定义为：一种通常以口头形式在人们中传播，目前没有可靠证明标准的特殊陈述。美国学者彼德逊对谣言作出定义："谣言是一种在人们之间私下流传的，对公众感兴趣的事物、事件或问题的未经证实的阐述或诠释。"② 法国社会学家卡普费雷认为，谣言是在社会中出现并

---

① 赵鹏飞、贺阿红、裴子平：《基于流变—突变理论的城市突发事件群体心理发展规律研究》，《科技和产业》2020 年第 12 期。

② 转引自刘晓媛《谣言传播机制：社会机制和心理机制》，《新闻传播》2020 年第 8 期。

流传的未经官方公开证实或者已被官方所辟谣的信息。[①] 从这些定义可以看出，谣言的产生需要特定环境或相关事件，而谣言的内容都是不能被证实的、通过非官方渠道流传的。谣言是一种缺乏事实依据，或未经证实、人们一时难以辨别真伪的闲话、传闻或舆论，因此，从政治学的角度看，谣言就是官方信息之外的言论，本质上是一种变形的公众舆论，从这一角度看，谣言具有一定的危险性，会引发公众的负面情绪，影响社会秩序的稳定。

随着近些年来突发事件的频繁发生，在给公众带来恐慌心理的同时，也为谣言的产生提供了条件。突发事件中的谣言不仅成为公众了解事件相关信息的渠道，也在一定程度上投射出民众的内隐心态、社会的群体意识和舆论诉求。突发事件发生后，在恐慌、焦虑心理的影响下，公众希望对事件有更多的了解，往往会有非常强烈的信息需求，因此，人们最为关注的、最想知道但又不知道的信息，就极有可能成为造谣的对象。美国社会心理学家奥尔波特和波斯特曼提出了谣言产生的公式，即 $R = I \times A$。其中 R 指谣言，I 指重要性，A 指事件的模糊性。根据这一公式，谣言的产生、传播与突发事件对公众的重要性和这一事件所提供的信息的模糊程度呈正相关。可以说，对自身安全和切身利益的关注就是谣言产生的前提条件。

作为一种复杂的社会现象，谣言产生背后都会涉及个体、群体和宏观社会环境等多层面的诸多心理因素。奥尔波特在谣言公式中就明确指出了谣言产生的个体心理因素。一方面是事件与自身的关联程度，即事件本身对个人的重要程度。在近些年发生的多起由于个体非正常死亡事件而引发的群体性事件中，出现了许多与事件无直接利益关系的人群积极关注事态发展，并参与传播事件不实信息的现象，这都在一定程度上反映出公众对自身利益、自身安全的高度重视。正是出于对切身利益的高度关切，公众才会去详细地了解事件真相，从而使得谣言在短时间内得以大范围传播。另一方面，就是事件信息的模糊性。突发事件的突发性和不确定性必然会引发公众出现不安、紧张、焦虑和恐慌情绪，为了缓解恐慌情绪，公众急切地想了解事件相关信息，以维护心理的平衡。如果权威部门能够在第一时间及时地发布相关信息，解答公众疑问，满足了公众的信息需求，就能在很大程度上遏制谣言的滋生、传播和蔓延。反之，如果权威部门不能及

① 转引自刘晓媛《谣言传播机制：社会机制和心理机制》，《新闻传播》2020 年第 8 期。

时有效地发布事件信息，谣言自然会产生并传播。

中国互联网络信息中心发布的第 50 次《中国互联网络发展状况统计报告》显示，截止到 2022 年 6 月，我国网民规模为 10.51 亿，互联网普及率为 74.4%。随着我国互联网的广泛普及，它作为一种新兴的传播媒介，为谣言的传播和扩散提供了一种全新的生存空间。与传统谣言相比，依托互联网为载体在人与人之间传播的未经证实的有特定指向性的信息，就是网络谣言，这种信息传播的过程不是通过传统的口口相传，而是通过网络进行的。由于互联网自身具有效率高、无门槛的特性，可以在虚拟空间自由传播，几乎不受时间、空间地域的限制，从而表现出裂变式的传播形式。网络谣言除了具有传统谣言的“非官方”性、鼓动性、情绪化等特点，还具有突出的互联网特点，即易于传播、难以控制、成本较低、易藏匿、高仿真性的新特点。从早期的论坛、微博、微信，到目前的抖音、快手、B 站，社交媒体平台成为网络谣言重要的发酵和传播场域，微信的“强关系”结构和微博的“公共舆论广场”性质极易导致大范围的网络舆情。[①] 自然灾害、突发事故、环境问题、社会事件、公共卫生事件等各种类型的突发危机事件往往能够迅速引爆舆论，引发群体情绪的共振，形成集体大讨论的局面，这种情况不仅会影响危机事件的应对处置，也给社会治理带来了严峻挑战。

二　谣言形成的阶段

借鉴应急管理生命周期理论，突发公共事件中的谣言形成与发展演变也具有生命周期，通常会历经四个阶段，分别是酝酿期、爆发期、蔓延期和衰退期。酝酿期是指突发事件发生初期，由于事件发生突然并且还在进一步发展中，政府及相关部门掌握的信息非常有限，公众也处于事件的冲击之中，这一时期谣言处于孕育阶段，数量还较少，但信息的缺失和混乱的外部环境为谣言的滋生提供了土壤。随着突发事件的进一步发展，相关谣言数量呈现急剧增长态势，进入爆发期。由于政府发布权威信息的时效与公众的需求和接受存在偏差，谣言成为传播事件信息的主要来源之一，公众也不自觉地成为谣言的传播者。按照马斯洛的需求层次理论，酝酿期

① 曾文俐、王海燕：《突发自然灾害事件中的谣言传播机制及治理路径研究——以“7·20”河南特大暴雨事件相关谣言为例》，《科技传播》2022 年第 6 期。

和爆发期的谣言内容主要是基于人们生存需求和安全需求的关于事件事实、现状类的信息。政府及有关部门在爆发期的信息发布速度以及辟谣速度如果滞后于谣言的传播速度，就会进入谣言的蔓延期。尽管突发事件在一定程度上得到控制，但谣言依然肆起，公众对事件发展态势等不太关注，对于事态发展的管控措施以及会影响到生产生活方面的政策措施较为关注，这一时期的谣言内容主要是管控类、治理类的。最后，突发事件基本已得到控制，谣言数量逐渐下降，但这一阶段也极易出现反弹，如果再次出现与突发事件相关的信息又会引发谣言的反弹。总之，谣言发展的周期与谣言内容都与突发事件的严重程度和应急处置有效性有关。

三　谣言传播的心理机制

前已述及，谣言的产生首先离不开公众个体的心理状态，突发事件的不确定性引发公众的恐慌情绪，进而激发了公众强烈的信息需求。其次，谣言的传播并不是没有关联的个体各自在一边自说自话，而是通过集体的方式所进行的一场话语交易，因此，谣言的传播和扩散离不开群体成员之间的互动。勒庞在其《乌合之众：大众心理研究》一书中就指出，个体一旦融入群体，他的个性便会在群体中被湮没，群体的思想便会占据绝对的统治地位，因此，群体的心理机制必然会影响个体的行为。一是从众心理。其为在群体舆论和压力的作用下，人们为了与群体中的大多数人保持一致，避免被孤立而改变自己的想法与行为。当自己周围的大多数人都相信某种传闻时，人们会迫于从众的压力也表现出相信这种传闻。在从众心理的作用下，个体缺乏独立思考的能力，对网络上的传言不做分析，盲目接受。即使有人不同意这些传言，但由于害怕被群体孤立也会选择沉默，这种从众心理往往会导致谣言的疯狂传播。二是情绪感染。情绪感染本质上就是群体成员之间情绪上的传递与互动，情绪感染产生的前提条件是群体成员在某些方面存在相似性，如所处的情景、所持有的态度、价值观、社会地位等。情绪感染往往是在非强迫、无压力的条件下产生的，是一种无意识的屈从。情绪感染会使个体的理性水平下降，人们会毫不抗拒地被动接受和模仿群体中其他人的态度和行为，从而会表现出一些非理性的过激的反社会行为。在参与群体事件的人员中，尤其要关注弱势群体，他们在心理上具有高度的敏感性，更容易产生情绪感染效应。三是群体认同。群体认同源于社会认同，即个体对自己属于某一特定社会群体的认知和作为该群体成员所能获得的情感和价值意义。如果个体对某一群体认同，就会将群体外的其他人看作外群体，这种区分就可能诱发与外群体在情感上的对立，进而引发不同群体间的冲突行为。群体认同对集群行为的预测作用已在社会生活的诸多领域得到了证实。作为一种群体资源，群体认同在集群行为的动员和招募人员过程中发挥着关键作用。群体认同也对谣言传播的强度和速度有着重要影响。群体认同会影响人们是否相信谣言并进一步对谣言进行传播。随着谣言的传播，人群中进一步形成共同利益，使得原本松散的群体变得更加团结。四是群体极化。传播学研究表明，群体成员间的讨论可以使群体中多数人的一致意见得到加强，使原来同意这一意见的人更相信意见的正确性，而原来群体反对的意见，讨论之后反对的程度会提升，从而使群体的意见出现极端化倾向。在谣言传播过程中，由于群体成员在讨论过程中信息不断交换会强化已经存在的看法，从而让一些零散的谣言不断重组，获得更多的“合理”的依据，一些原本只是推测的信息也在群体成员的相互肯定中趋向极端化。五是去个性化。社会心理学研究表明，当个体淹没在群体之中时，会失去自身的身份特征和个性感，判断力下降，从而摆脱正常社会规范的约束而表现出越轨行为。去个性化有两个根本特征，就是匿名性和责任分散。正是由于匿名性，个体的自我知觉和焦虑减弱了，个体单独行动时存在的恐惧心理会减轻或消失。在网络空间中，参与者感觉是“匿名的”，彼此互不认识，不知底细，于是，自我约束放松，责任感下降，旁若无人，从而导致大量造谣传谣行为的产生。而网络空间的匿名性又产生了“法不责众”的心理，诱发了大量不符合道德规范的行为，甚至是违法行为。随着互联网的快速普及，去个性化现象也促使网络空间中的反规范行为和集群行为日渐增多。

四　谣言传播的社会心理动因

任何谣言的产生、传播都有源头，都离不开特定的宏观社会发展背景，尤其是随着我国互联网的广泛普及，谣言借助互联网平台得以广泛传播，不确定突发事件的发生更是大量网络谣言产生的主要诱因。现阶段的谣言在很大程度上，不仅仅反映了公众面对突发事件时的恐慌焦虑，还折射出公众在现实生活中产生的情绪和心理状态，它们被转移到所发生的事件讨论中，这些言论实质上就是公众的情绪表达和内心宣泄。当前我国正处在改革发展的重要战略机遇期，同时也是各种社会矛盾的凸显期，大量网络谣言的产生必然与重大的社会变迁密切相关，而社会发生剧烈变革的时期往往也是谣言最容易产生的时候。因此，对网络谣言的分析研判都应把孤立事件置于宏观社会环境中进行深入考察，分析事件产生和发展的深层次社会原因，才能从根本上找到谣言传播的动因，有针对性地消解谣言。

因此，在新的社会发展背景下，有学者指出网络谣言除了具有互联网传播的天然特征外，与传统谣言相比，还增加了一些新的功能特征。例如发挥舆论监督功能，由于互联网是一个公共舆论平台，参与造谣、传谣的网民大多数都与引发谣言产生的事件主体之间没有直接利益关系，往往都是在好奇心的驱使下，开始“围观”事件的发展，在正义感的驱使下，网民开始从“围观者”变为“参与者”，试图通过谣言来探求事件真相，通过舆论监督，来寻求事件的公正解决。此外，传统谣言大多都缺乏事实依据，而网络谣言往往基于当前社会的真实事件，是对现实事件的想象加工，在一定程度上反映了民众的社会心态。突发事件发生后，公众会出现一系列的应激反应，对事件信息有强烈的需求，而当正式渠道的信息不足时，网络谣言可以作为暂时性的“替代性新闻”来缓解公众焦虑。因此，谣言虽然具有一定的社会危害性，但谣言背后折射出的深层次公众心理需求更加值得关注，如何通过制度建设促使社会各种紧张情绪得以释放，建立社会安全阀机制，是我国当前社会治理面临的重大课题。

第三节 群体性事件的演化机理分析

一 群体性事件的概念变迁与现状

伴随改革开放不断深化和经济社会不断发展，我国社会各类矛盾易发多发，社会风险不断积累，群体性事件就是社会风险的极端表现，是当前我国社会冲突的主要表现形式。

在《公安机关处置群体性治安事件规定》（公发〔2000〕5号）中，规定“群体性治安事件”是指聚众共同实施违反国家法律、法规、规章，扰乱社会秩序，危害公共安全，侵犯公民人身安全和公私财产安全的行为。群体性事件最初是作为政治术语出现在一些官方文件中。2004年，中共中央办公厅、国务院办公厅发布了《关于积极预防和妥善处置群体性事件的工作意见》，将“群体性事件”规定为：“由人民内部矛盾引发、群众认为自身权益受到侵害，通过非法聚集、围堵等方式，向有关机关或单位表达意愿、提出要求等事件及其酝酿、形成过程中的串联、聚集等活动。”国内学者对群体性事件的界定不尽一致。有学者从法律角度认为群体性事件是“聚众共同实施的违反国家法律法规，扰乱社会秩序，危害公共安全，侵犯其他公民人身安全和公私财产安全的群体治安事件”。有学者从社会学的角度认为群体性事件是由社会内部矛盾引发的一种社会现象，是与处在社会既定规范制约下的群体行为相对比的群体越轨行为。也有学者从行政管理的角度认为群体性事件是在中国从计划经济体制向社会主义市场经济体制转轨、从传统农业社会向现代工业社会转型的过程中，因人民内部矛盾而引发，由部分公众参与，有一定组织和目的，采取围堵党政机关、静坐请愿、阻塞交通、集会、聚众闹事、群体上访等行为，并对政府管理和社会秩序造成影响，甚至在一定范围内陷入一定强度对峙状态的群体事件。目前较为普遍的观点，认为群体性事件是由某些社会矛盾引发的、特定或不特定多数人聚合临时形成的偶合群体，以人民内部矛盾的形式，通过多种规模性非法聚集、造成社会负面影响的群体性活动、发生语言行为或肢体行为上的冲突等群体行为方式，或表达诉求和主张，或直接争取维护自身利益，或发泄不满、制造影响，从而对社会秩序和社会稳定造成重大负面影响的各种事件。[①] 可以说，群体性事件的构成有三个关键的要素：一是参与聚集活动的人群；二是为表达严重不满而采取的集体行动；三是产生重大的社会影响。这三者的结合构成了群体性事件特定的内涵，即特指那些突然发生、带有异常性质、涉及众多人数的公共事件。

世界各国的发展经验表明，当人均 GDP 处于 1000 ~ 3000 美元的发展阶段时，社会通常会出现贫富差距扩大、区域发展不平衡、社会心理失衡、群体性事件频发等情况。从 20 世纪 90 年代到 21 世纪初，在经济和社会快速发展转型的过程中，我国的群体性事件持续呈现出多发频发的态势，涉及国企改革、征地拆迁、劳资纠纷、环境污染、交通肇事、消费维权、医患冲突、物业纠纷、城管执法等诸多领域，事件诱因、规模、形式以及结果和影响各不相同。而进入互联网时代后，群体性事件的表现形式、发生机制、组织过程以及演化过程等都出现了深刻变化，形成

① 郑卫菊：《浅析群体性事件的命名》，《广州市公安管理干部学院学报》2009 年第 1 期。

了独特的网络群体性事件。党的十八大以后，与此前群体性事件高发频发的情形相比，当前我国的群体性事件正在经历逐渐衰变的过程，群体性事件的数量越来越少，发生的领域越来越窄，参与的规模越来越小，表现形式更加温和。[①]

二 群体性事件的理论基础

（一）社会挫折理论

社会挫折理论认为，集群事件是人们对社会挫折（或社会解组或社会崩溃）的一种反应，是对社会病态现象的一种病理性的反应。集群行为正是人们表达意见、宣泄不满、寻求解决社会问题的一种行动。[②] 社会挫折理论源于美国心理学家巴拉德和道尔等提出"挫折—侵犯"理论，该理论认为，人们在追求有目标的活动受到阻碍时就会遭受挫折，侵犯行为是挫折的后果。后有学者进一步指出，挫折之外的其他因素，如因挫折而产生的负性情绪也会引发侵犯行为。之后，伯科维茨对"挫折—侵犯"理论进行了较大的修正，指出挫折并非由简单的剥夺而产生，而是"相对剥夺"的产物。也就是当个体利益受损并且其受损结果与不正当、不公平的决策有关时，才会产生挫折感，才会诱发侵犯行为。

（二）相对剥夺理论

美国的戈尔（Gurr）教授在考察社会变迁对个体行为的影响后，提出了相对剥夺理论（Relative Derivative Theory）。他认为，每个个体都对自己应该得到的物质和条件状况有一种期望，即价值期望（Value Expectation），而社会则具有满足个体的物质和条件状况的能力，即"价值能力"（Value Capacity）。相对剥夺是指人们的价值期望与社会的价值能力之间的差距，也就是说人们认为他应该得到的物质和条件状况，与他们自己有能力得到的物质和条件状况之间的差距，差距越大就意味着相对剥夺感越强。如果社会变迁导致这二者之间出现差距，且差距较大，就预示着人们采取破坏性行为的可能性越大。这种由社会变迁所导致的相对剥夺感的提升，是产

---

① 韩志明：《从"粗糙的摆平"到"精致的治理"——群体性事件的衰变及其治理转型》，《政治学研究》2020 年第 5 期。

② 胡联合：《群体性事件的演化机理及其启示》，《探索》2017 年第 1 期。

生集群行为的重要社会心理基础。这一因价值期望不能被满足而引起破坏行动的过程，也属于“挫折—侵犯机制”。

（三）社会燃烧理论

“社会燃烧理论”最早是由我国学者牛文元提出的，这一理论源于社会物理学领域，即基于自然科学的思路、概念、原理和方法，是对社会行为的内在规律进行的研究。该理论认为社会的不和谐、失衡、失序以及失控，类似自然界物质燃烧一样，必须具备“燃烧物质、助燃剂和点火温度”三大基本条件。[①]“燃烧物质”是指引起社会不稳定的基本动因，是诱发群体性事件产生的外部社会环境因素；“助燃剂”是指社会舆论的误导、谣言的广泛传播、社会心态失衡、社会越轨行为增多等构成社会不稳定的因素；“点火温度”也称“导火索”，是具有一定规模或影响的突发事件，属于群体性事件的危机触发阈值。

（四）紧急规范理论

特纳（Turner）提出了紧急规范理论（Emergent Norm Theory），认为集群行为的产生是因为出现一个紧急（或自发）的规范来引导人们的行为。一般来说，最先出现而又很快被其他人效法的行为，就是该集群行为的紧急规范。紧急规范一旦产生，就会对集群行为的参与者形成一种压力，并认为采取该种行为方式是合乎规范的，从而促使其去遵守该规范、效仿该行为。在集群行为中，人们行为的一致性并不是因为情绪感染的影响，而是在从众心理的作用下依照该种行为方式行事是简单适宜的。尤其在面临突发事件时，人们通过互动会产生一种“紧急规范”，这个规范就成为整个群体的行为规范，使得集群行为具有了突发性和同质性。

（五）社会认同理论

社会认同理论（Social Identity Theory）是塔菲尔（Tajfel）等人在 20 世纪 70 年代提出的，其认为社会认同就是个体认识到自己属于特定的社会群体，以及作为群体成员带给自身的情感和价值意义。[②] 个体通过社会分

---

① 牛文元：《国家突发公共事件应急管理中的科学问题——社会物理学的理论与方法》，《中国应急管理》2007 年第 3 期。

② 转引自张莹瑞、佐斌《社会认同理论及其发展》，《心理科学进展》2006 年第 3 期。

类，对自己的群体产生认同，并总是争取积极的社会认同，这一过程会产生内群体偏好和外群体偏见。当个体所属的内群体与相关的外群体进行比较是有利的，个体的自尊水平就会提高。如果个体所属的内群体与外群体在比较时存在差异，个体的社会认同受到威胁时，就容易引发群体间偏见和群体间的冲突，个体也会采用各种策略来实现或维持积极的社会认同，因此，个体对群体的认同是群体行为的基础，社会认同是在内群体和外群体的比较中获得的，如果没有得到满意的社会认同，个体就会离开原来的群体或想办法来实现积极的区分，所以社会认同是由社会分类（Social-categorization）、社会比较（Social Comparison）和积极区分原则（Positive Distinctiveness）来实现的。

（六）价值累加理论

美国学者尼尔·斯梅尔塞受到经济学的启发，提出了用以解释集群行为产生的价值累加理论（Value-added Theory）。他认为集群行为的产生是一个价值不断累加的过程，是由 6 个因素依次出现导致的结果。①结构性诱因（Structure Conduciveness）是指有可能引发集群事件的社会条件、经济条件、政治条件、文化条件、空间条件等诸多使人们感到紧张的社会结构或外部环境因素。② 结构性紧张（Structure Strain）是指在社会发展背景下，发生的经济危机、社会失范、贫富分化、政治危机、自然灾害等使人们感受到不同程度的心理紧张、不安、剥夺感和失落感等。③普遍性信念（Generalized Belief）是指人们对其处境形成的某种共同的感受，拥有着共同的情绪和心理，并形成了普遍的观念。这种普遍的观念会激发人们的心理共鸣，促使人们参与集群行动来实现某种目的。④触发因素（Precipitating Factors）也就是集群行为爆发的“导火索”，在前面三个因素的酝酿过程中，如果出现一个很小的事件，就很容易引爆人们的不满行为，成为集群行为的导火索。⑤行动动员（Mobillization for Action）是指人们通过各种方式鼓动更多的人员参加到集群事件中来。随着参与人数的不断增加，会进一步加剧人们的共同信念和不满情绪，进一步增强人们共同行动的意志和能力。⑥社会控制失效（Failure of Social Control）是指社会控制机制软弱无力或失败，无法阻止集群事件的发生。该理论不仅涉及了与集群行为有关的宏观层面和微观层面的问题，还描绘出了集群行为发生、发展的整体脉络。

（七）资源动员理论

资源动员理论（Resource Mobilization Theory）是由美国学者麦卡锡和扎尔德于20世纪70年代提出的，社会运动理论认为剥夺感和不满等非理性因素是集体行动产生和发展的动因，而他们则认为社会运动的增多，并不是社会矛盾加大或人们所体验到的相对剥夺感、怨恨感增加，而是社会上可供社会运动发起者和参与者利用的资源大大增加了，社会运动是人们对资源动员理性选择的结果。[①] 社会运动的发起者是通过理性思考成本与收益问题来决定是否或如何发起社会运动的。一个社会运动能否成功发起，主要是看发起者是否拥有足够的物资资源，一旦拥有了这些资源，他们便会采取相应的动员或组织策略，将这些资源组织起来，来发动社会运动。由此可见内外资源对社会运动的意义和作用。内外资源涉及的范围广泛，既包括有形的资金、场所、设施、网络、媒体、人员等物质资源，也包括无形的意识形态、社会心理、文化认同、组织技巧、合法性支持等非物质资源。资源动员和动员背景是该理论两个主要的研究方向。

三　群体性事件演化机理的关键要素分析

机理是指为实现某一特定功能，一定的系统结构中各要素的内在工作方式及诸要素在一定环境条件下相互联系、相互作用的运行规则和原理。[②] 突发事件不同于日常事件，存在非常复杂的发生、发展演变的运行机理，只有全面深入地分析突发事件的运行机理，才能从根本上把握突发事件的运行规律，才能为突发事件的处置和应急管理实践提供帮助。20世纪60年代，美国社会学家斯梅尔塞借助经济学描述产品价值增值的术语提出了解释群体行为的社会学理论——“价值累加理论”，用于分析群体性事件发生、发展所需的社会条件。基于这一理论，群体性事件发生发展的演化机理涉及社会环境、社会心理动因、导火索事件、参与动员机制以及社会控制机制失效这五个关键要素。同时，这五个要素又分别对应群体性事件发生发展的四个阶段，即酝酿阶段、爆发阶段、激化升级阶段和平息阶段。

---

① 石大建、李向平：《资源动员理论及其研究维度》，《广西师范大学学报》（哲学社会科学版）2009年第6期。

② 李勇建：《非常规突发事件运行机理与应急决策》，科学出版社，2015。

（一）社会环境

这里的社会环境是指宏观背景下的社会政治制度、经济发展水平、文化教育水平、宗教、种族、道德水平、意识形态乃至公共卫生、基础设施等诸多方面的整体发展状况。灾害理论普遍认为突发事件的产生不仅仅是由事发因子的出现而导致的，还需要一个基本前提，即事发因子置身于一定的事发环境中，且该环境具有一定的脆弱性。事发环境及其脆弱性才是突发事件发生的深层机理要素。影响事发环境脆弱性的因素众多，涉及社会发展过程中如政治、经济、文化、道德、管理水平等诸多社会因素，因此，事发环境的脆弱性往往容易被忽视，然而要想深入认识突发事件的本质，就必须深入分析事发环境，即宏观的社会背景。

当前，我国改革正处于攻坚期和深水期，社会转型进入关键时期，其突出特点就是经济体制深刻变革、社会结构深刻变动、利益格局深刻调整、思想观念深刻变化，并由此带来整个社会系统的结构性变迁。经济在快速发展的同时带来了一系列复杂的、全新的社会矛盾与问题。社会矛盾形式多样，涉及范围更加广泛，相互交织更加复杂，处理难度加大，给社会和谐安定发展造成严重影响。

（二）群体性事件产生的社会心理动因

价值累加理论已明确指出，一般性信念对于集体行动的深刻影响和对集群效能的预测作用，而一般性信念实质上就是某一时期公众普遍的社会心理。社会心理是一种普遍的社会现象，是人们对当下社会生活的认识、情感和行为意向的一种表达，是社会整体精神风貌、社会运行机制效能以及社会聚合状况的直接反映，是一种自发形成的社会力量。某一时期的社会心理状态及其发展态势，能够反映出人们对社会现实的体验，也是对自身利益、需求满足程度的感性反应。虽然社会心理是一种内隐的态度和情感，但对人们的社会行为具有很强的诱导作用。当前我国社会正处在剧烈变革时期，既是改革发展的重要战略机遇期，也是多重社会矛盾的爆发期。这些现实问题都会对公众的心理产生深刻的影响，导致公众出现焦虑感、不安全感、相对剥夺感和不信任感，这些消极的社会心态，都是群体性事件发生的不容忽视的深刻社会心理动因。因此，把握特定时期的社会心理，了解社会环境变化下社会成员的思想意识与心理状态，了解社会成员对现行社会运行机制的态度以及对社会的认同和融合程度，对于预防和减少群体性事件的产生和化解社会矛盾具有重要意义。

（三）导火索事件

导火索事件表面上看来都是一些偶发的、在事发初期不具有很强社会危害性的事件，但深入分析后不难看出，导火索事件背后都会折射出当下社会中存在的消极社会心态，这些累积的不满情绪一旦遇到那些涉及公众基本权益的事件就会立刻被点燃。通过许多案例分析，可以看出对待导火索事件往往不能掉以轻心，尤其是涉及民生领域的敏感事件、涉及公众基本权益问题的事件，都应该引起有关部门的高度重视，及早妥善地化解矛盾与纷争，这样才能够避免事态的升级扩大。

（四）群体性事件参与动员的心理机制

1. 参与动员过程

群体性事件就是由一定数量人群聚集而导致的集体行动，因此，在群体性事件中就有一个非常重要的组织动员的过程。人们通过多种互动方式传递信息、传导情绪，把受到情绪感染和逐渐形成群体认同的潜在旁观者变成了实际的行动者。通过参与动员，不但会使参与集群事件的人员成倍增加，还会加剧人们的不满情绪和共同心理，增强人们共同行动的信念。在动员过程中，组织领导者的行为是极其重要的。组织领导者的宣传鼓动，不但会成为现场人们从众模仿的对象，而且会影响现场之外的人，可能会使很多徘徊者、旁观者也加入到事件中来，从而使人群聚集的规模得以扩大。随着互联网的广泛普及和移动通信手段的快速发展，利用互联网技术通过网络空间传播信息，鼓动网民情绪，甚至指挥网民线下参与聚众行动，成为信息时代下网络动员的重要组织方式。由于网络的便捷性和匿名性，网络动员使得群体性事件的防控难度大为增加。

2. 谣言的催化作用

从信息传播的角度来看，有学者认为谣言是引发群体性事件的另一个重要因素。谣言作为一种信息，是人们产生一致认识和共同情绪的原因之一，谣言会对冲突的爆发、扩散和升级产生重要的作用。群体行为往往也是受到信息传播影响的集群行为，信息来源主要就是谣言。因此，谣言传播的速度和规模是群体性事件产生及扩散的重要因素，如果权威信息公开得越早，就越有利于阻止群体事件的发生，最大限度地抑制谣言的传播对群体活动的负面作用。美国社会学家默顿把谣言看成一种社会情境，它一旦被很多人相信，会促使更多的相信者加入，进而对社会结构和社会功能造成影响。有学者认为，谣言对群体性事件的作用主要是导致认知偏差、激发负面情绪、形成单向度价值判断、强化群体性思维，认知偏差会导致出现分歧强化；情绪激发会导致激烈的争辩和愤怒的行为；价值判断的改变会导致形象重塑，而群体共识的形成会导致结盟和阵营划分。而认知、情绪、评价和群体性思维的相互作用，又会导致冲突中暴力行动的出现和冲突烈度的不断升级。因此，谣言信息所产生的认知偏差是公共冲突爆发的导火索，谣言所激发的负面情绪是冲突升级的助燃剂，谣言所形成的单向度价值判断是暴力升级的心理支撑，而谣言所促成的群体性思维会成为群体性暴力行动的黏合剂。[①]

3. 参与动员的心理动力机制

（1）相对剥夺感是参与动员的前提基础。相对剥夺感是一种群体心理状态，反映着人们在社会发展过程中将自己的处境与某种标准或某种参照物相比较后，发现自己处于劣势时所产生的受剥夺感受，这种感受会导致产生愤怒、怨恨或不满等消极情绪。相对剥夺感的产生需要具备以下条件：当某个人或者群体意识到自己不具有某种资源；意识到他人或其他群体具有某种资源；期望拥有某种资源；这种期望是合理的。相对剥夺感会影响个人或群体的态度和行为，产生压抑、自卑等情绪，进而引发集体暴力行动甚至革命。改革开放40多年来，我国经济社会发展取得了重大成就，但也出现了贫富差距较大等问题，这些问题使得社会上的某些群体感受到他们所获得的生活条件和机会低于或远远低于所期望得到的生活条件和机会，他们就感到心理不平衡，产生被剥夺的感觉。这些消极情绪如果长时间累积，得不到释放或宣泄，一旦碰到诱发因素，就有可能转化为破坏社会秩序的强大力量，引发集群行为。因此，由相对剥夺感引发的愤怒不满情绪是当前我国群体性事件爆发的重要心理基础。

（2）群体认同。群体认同源于社会认同，是指个体对其属于某一特定

---

① 常健、金瑞：《论公共冲突过程中谣言的作用、传播与防控》，《天津社会科学》2010年第6期。

社会群体的认识，以及作为该群体成员所能获得的情感和价值意义。如果个体对某个群体认同，就会将其他人看作是外群体，这种认识上的区分就可能诱发与外群体情感上的对立，进而引发不同群体间的冲突行为。群体认同对集群行为的预测作用已在社会生活的诸多领域中得到了证实，在集群行为的动员和招募人员阶段也发挥着关键作用。实质上，群体认同是一个非常复杂的群体心理的动态变化现象，会随着集群活动的发生、发展而逐渐影响甚至改变群体成员对自己所处地位的看法。社会认同理论认为，如果弱势群体的成员面临：群体间地位的差别被认为是不正当的；群体间地位的区别被视为是不稳定的；群体边界是不可渗透时，群体成员会加强对本群体的认同，从而引发谋求改变本群体不利地位的集群行为①，群体认同是调节群体相对剥夺与集群行为关系的中介变量。

（3）群体效能。班杜拉（Bandura）认为群体效能是在某一情境下，群体成员对于自己所属群体一起努力实现特定目标能力的一种共同信念，即成功执行某一任务的集体信念。② 因此，群体效能反映出群体成员对本群体所拥有资源的一种主观上的认识。研究证明，群体认同与群体效能存在正相关，即群体认同能够增强成员的群体效能。而当成员有较高的群体效能时，他们相信自己有能力改变本群体的命运和处境，参与集群行为的可能性随之提升。

（4）群体的情绪感染。在群体情景下，由于群体成员间在所处情境、社会地位、态度等方面存在相似性，情绪感染现象也更易发生。情绪感染是在群体认同的基础上，是人与人之间通过相互模仿、相互感染、相互强化而发生的情绪交互影响。在群体成员情绪的影响和传递下，个体会无意识地卷入到群体的狂热行动中。这种非理性的情绪感染会降低个体的判断和思考能力，人们会完全被动地接收和模仿群体成员的行为和态度，进而做出一些过激的不计后果的反社会行为。尤其是弱势群体在心理上具有高度敏感性，更容易出现情绪感染现象。此外，焦虑、恐惧等消极群际情绪更易引发情绪传染。群际情绪理论指出，恐惧情绪是由现实威胁引起的，威胁到群体或群体成员现实利益的因素都是现实威胁，当群体成员主观意识到另一个群体对自身所在的群体有现实威胁时，不管这种威胁是否真实

① 张书维、王二平、周洁：《跨情境下集群行为的动因机制》，《心理学报》2012 年第 4 期。

② 郑昱、王二平：《公共领域中的集群效能研究述评》，《心理科学进展》2011 年第 2 期。

存在，都会产生对外群体的消极态度和情感。这些消极情感在群体成员间交换传递，就成为集体行动产生的重要动力之一。

近年来，也有学者发现在网络媒介情境中，也存在情绪感染现象。尽管网络是匿名的、非面对面的信息环境，网民在信息交换、共享时，网民的情绪也可以通过网络媒介传递给其他网络个体，尤其是关键个体的情绪反应会显著地影响整个群体的行为意向。这种情感传染会触发个体的认知和情绪反应方式，进而影响其参与网络集体行为的意向。

（5）群体极化。群体极化是群体性事件暴力升级的重要心理机制。群体极化是指群体成员最初持有的某种态度和倾向，在经过互动交流讨论后，原有态度会向某一极端倾斜，要么极端冒险，要么极端保守。由于群体成员在生活经历、心理体验方面比较相似，他们更容易相互沟通和理解，这种相似的认知和不满情绪也更容易在互动中得到强化，变得更加极端化，从而使得群体的态度和行为决策也变得更加激进。另外，身处群体中的人们，迫于群体压力，也希望获得群体内其他成员的认同，在从众心理的影响下，大多数人也会主动调整自己的立场，向主流观点靠拢。群体极化在互联网中表现得更为突出，在网络空间中，当越来越多的人认同某一观点时，就会在讨论中逐渐形成一个讨论圈，讨论圈会强化人们原来的想法，使原有的观点或偏见尖锐化，而不被赞同的观点会受到忽略甚至压制，谣言也就更容易产生。

（五）社会控制机制失效

社会控制机制是指社会通过道德、法律、统治专政机器等社会控制要素对集群行为进行控制的能力强弱。社会控制力强大且运用得当，就可以阻止集群事件的发生；社会控制力强大但运用不当，则可能不但不能阻止集群事件的发生，反而会加剧集群事件的扩大升级恶化；社会控制力软弱，则集群事件就会随即爆发。[①] 通过诸多案例分析，我们发现基层政府在社会矛盾发生的萌芽阶段或群体性事件聚集初期，往往都存在体制性迟钝问题。在日常的行政运行过程中，相关部门对于各种潜在的社会矛盾不敏感、不重视；事发初期反应较为迟钝又处理失当，未能及时化解社会矛盾，疏导公众情绪，使一个局部性、阶段性、低烈度的社会矛盾

① 胡联合：《群体性事件的演化机理及其启示》，《探索》2017 年第 1 期。

演化成全局性的、持续性、高强度的冲突对抗，从而错失了遏制事件升级的良好时机。

第四节 群体性事件的治理策略

一 转变治理意识

（一）政府的危机意识亟待增强

按照国际惯例，在人均 GDP 从 1000 美元向 3000 美元的过渡时期，通常被认为是社会“矛盾凸显期”。种种迹象和各项经济指标都表明，我国已进入矛盾凸显期。随着国有企业改革、城镇住房改革、教育体制改革、医疗卫生体制改革、社会保障制度改革的推进，城镇化进程的加快，群体性事件时有发生。在社会转型、制度剧变、贫富差距扩大、社会矛盾尖锐的当下，公众出现相对剥夺感、不公正感、不安全感、不信任感和弱势感等社会心态会引发不满和愤怒情绪的增加，而群体的愤怒情绪会提升集群行为的冒险性，使群体成员采取更激进的行为方式。因此，政府和相关部门要对这些潜在的敏感信号高度重视，增强危机意识，对公众情绪和社会舆论及早进行研判和预警，防止一些局部的小事件演变为重大的突发事件。

（二）理性看待群体性事件

不可否认，群体性事件的发生会给社会稳定带来极大挑战，但社会冲突理论也告诉我们，社会现实冲突具有“安全阀”和“放大镜”作用，它可以及早释放社会矛盾，避免矛盾的累积，同时也能帮助我们发现社会问题的症结，为解决问题赢得主动。因此，政府要理性地看待群体性事件，要透过现象看本质，深刻认识到事件背后所反映出的潜在社会矛盾，认识到社会经济发展中存在的突出问题，以及当前民众普遍的心理需求。应摒弃以往一味地“捂”或“堵”的思维模式，而应看到事件带来的积极意义，深刻反思引发事件发生的深层次问题，明确今后工作的重点和需要改进的方向，以提升政府的综合治理能力为目标，努力创建共享共治的和谐社会。

二 完善群体性事件的预防机制

(一) 关口前移，重视社会稳定风险评估

危机的生命周期理论指出，危机的产生是经历了酝酿、爆发、扩散、处理、结束等不同阶段的，因此，要避免群体性事件的产生，就应从前期的预防工作入手。做好预防工作，应强调关口前移、注重前期的风险研判。首先应通过多种途径，广泛搜集本地区政治、经济、社会、文化教育等重点民生领域的信息，及时进行整理、分析和研判，对于可能诱发群体性事件的各种苗头性、倾向性的问题，政府要做到及时发现、尽早化解。同时对于社会不稳定因素要进行长期的动态监控，设置预警指标，及早制定应对方案。

通过诸多案例分析，可以看出许多群体性事件的诱发都与基层民众的利益受损有关，尤其是当前我国社会处于经济快速发展阶段，基层政府在发展当地经济时，会出台很多涉及民生领域的重大政策、重大事项，为了防止矛盾的产生和积累，习近平总书记在 2012 年 11 月“落实党的十八大精神要抓好六个方面工作”时就明确指出：对涉及群众切身利益的重大决策，要认真进行社会稳定风险评估，充分听取群众意见和建议，充分考虑群众的承受能力，把可能影响群众利益和社会稳定的问题和矛盾解决在决策之前。[①] 同时，党中央和国务院总结了各地社会稳定风险评估的经验，提出要建立重大工程项目建设和重大决策的社会稳定风险评估机制，健全社会风险的防控体系，逐步实现社会稳定风险评估的“全覆盖”。

(二) 利用大数据，完善社会风险的预警机制

预警是指人们通过多种途径和方法，收集可能诱发群体性事件的信息或线索，并运用科学的方法进行评估和预测，对事件的发展态势做出判断，并向相关部门发出警报，以便及早做好准备采取措施，控制事态的发展和蔓延。因此，预警工作是阻止事件由萌芽状态逐渐升级的重要前期工作。随着信息技术的快速发展，大数据正充斥在社会生活的方方面面，海

---

① 《全面贯彻落实党的十八大精神要突出抓好六个方面工作》，人民网，http://theory.people.com.cn/n/2013/0104/c83846-20083095.html。

量的数据信息可以成为突发事件情报分析的基础。基于大数据的数据挖掘和分析技术能够更加科学、准确、高效地进行信息的收集和分析，极大地提高突发事件的预警响应能力。

群体性事件的预警具体包括对潜在的群体性事件进行相关信息的监测、预测、预报和预控。通过对可能引发群体性事件的信息和各种因素进行监控、鉴别、分类和分析，并对其未来可能产生的危害程度做出评估，在必要时向应急主体发出警报，通知相关部门提前做好准备，以便及时采取响应措施，降低事件发生的可能性。这就需要建立覆盖范围广、延伸领域全的监测网络，及时获取当地民生信息、潜在事件信息等，在现有以公安机关为主的信息平台基础上，要充分利用大数据等信息技术，深度融合影响群体性事件的关键因素，关联耦合基础数据，紧密结合各地风险易发多发领域，形成社会风险的大数据信息整合平台。促进跨部门实现信息共享，并且将应急历史数据、相关部门的业务数据统筹起来，及早识别苗头性、征兆性信息，按照社会风险的预警等级为应急决策和处置提供预警信息。

（三）建立群体性事件的社会预警系统

社会预警系统是指长期追踪公众社会态度变化的调查，根据这种调查可以发现并监测各种社会不稳定因素和当前存在的社会问题，帮助有关部门及时采取措施解决问题，及早化解社会不稳定事件，防患于未然。态度是个体对社会事物是否符合自身需要而产生的肯定或否定、赞成或反对、接近或拒绝的认知与情感体验。态度会影响个体的行为，越是核心态度，对行为的主导作用越显著。同理，人们对于当下的社会生活环境和公共政策，基于各自不同的利益得失，必然持有不同的社会态度，社会态度又会指引人们的社会行为。调查的社会态度主要涉及四个方面：生活和职业满意感、对政府工作的满意感和政治信任、对当地社会问题和经济形势的判断、遭遇不公对待时的应对行为意向。[①] 已有调查发现，对于社会态度的调查可以有效地发现现阶段某一地区存在的社会问题，发现有关部门的管理失误。许多发达国家都建立了社会预警系统，它已成为现代国家公共治理的重要支撑。

---

① 王二平：《群体性事件的监测与预警研究》，《领导科学》2012 年第 2 期。

三　快速反应、及时化解、控制事态发展

当潜在群体性事件出现爆发的苗头，或已经有小范围、小规模的群众聚集时，政府或相关部门应该尽早介入、积极干预，控制其进一步发展和蔓延，切忌在思想上不重视、行动上不积极、采取措施不得力，导致“小事拖大、易事拖难、大事拖炸”的严重后果。在事件发生初期，相关部门应高度重视，迅速了解事件经过，尽快判明形势，确认事件的核心利益方，结合先期获取的情报信息，与当事人积极展开对话与沟通。在一些具体案例中，可以看到事发后由于相关部门没能及时与当事人进行沟通，没能与小规模参与者进行对话，安抚民众情绪，最终导致群体性事件升级甚至恶化。因此，有关部门能否在第一时间快速反应，及时有效地化解矛盾，是阻止事件逐渐发酵的早期关键性措施。

四　重视群体心理特点，控制处置关键点

勒庞在其《乌合之众：大众心理研究》一书中，指出个人一旦融入群体，他的个性便会被湮没，群体的思想便会占据绝对的统治地位，因此，群体心理机制中非理性特征会非常明显，群体行为的激烈程度和破坏程度也会更加高，因此，在处置群体性事件时，不能仅采取应急处置措施，还应该考虑群体心理的特点和规律，发现隐藏于行为之下的群体情绪，主动管理和引导群体情绪，控制带头者对其他成员的榜样示范作用，减弱非理性群体心理因素对事件的影响，避免冲突的升级。

（一）公开信息，疏导情绪

可以说，每一起群体性事件的发生都会伴随着谣言的产生和传播。谣言是一种缺乏真实依据未经证实、难辨真伪的传闻或舆论，是官方信息之外的一种变形的公众舆论，本质上反映着公众的焦虑不安与愤怒不满情绪。群体性事件发生后，许多参与事件的旁观者并不了解事件的真相，但又急切地想知道事件相关信息，尤其是与自身安全和利益密切相关的事件更是人们高度关注的对象。因此，如果事发后，有关部门没能快速主动公布相关信息，就会为谣言的产生和传播创造条件。谣言一旦产生又会在群体效应的影响下流变、扩散，会进一步强化公众的非理性情绪，为下一步的应对处置工作增加难度。所以，群体性事件发生后，对相关信息的主动

公开、迅速公开和全面公开，不仅有利于阻断谣言的传播，更有助于减少公众的恐慌和质疑，为疏导情绪、掌握主动赢得了时间。同时，在事件发生初期，参与的人数不多，群体情绪强度较弱，如果此时能够主动与事件主体开展对话与沟通，了解隐藏在他们情绪背后的真实意图和想法，对于控制事态升级和疏导参与者的情绪也是非常关键的。反观有些群体性事件，正是由于第一时间未引起相关部门的足够重视，没能及时关注到事件主体的不满愤怒情绪，导致群体情绪激化，致使事态升级，错失早期化解冲突的良好时机。

（二）人员隔离，控制规模

前已述及，群体规模越大，从众心理、情绪感染、去个性化等非理性群体效应就会越突出，因此，事发后，必须重视人员管理工作，尽早将无关人员、旁观者与主要人员隔离，一旦越来越多的无关人员卷入，群体规模扩大，场面就会混乱失控。群体性事件事发紧急、事态瞬息万变，应急管理部门应尽快查明事件起因，准确判断事件性质，及时清除事件现场可能诱发群众聚集的人或物，疏散围观聚集群众、减少现场人员。如果汇聚人数不断增多，势必会形成非理性的群体心理氛围，会出现很多过激或越轨行为。群体性事件在时间上存在“二波效应”，即在事发三四个小时后容易从第一波的直接利益相关者演变为第二波的非直接利益相关者，因此，要尽早尽快地疏散聚集人群，控制现场人员数量。先把主要人员带离，再引导聚集人员通过合法、理性的方式表达利益诉求，选出代表有序地反映情况和问题。对于已经确定且已有充分证据的挑头的“骨干”和幕后策划组织者，必须强制带离。此外，群体心理机制的产生、演化与发展都需要有一定的场所，因此，还要加强对群聚场所的现场管理。在聚集现场，可以通过广播向聚集人群说明情况，劝导无关人员离开，设立隔离线或警戒区域，不让无关人员进入。也可以在聚集现场安装摄像装置，提升威慑力，以消解去个性化导致的法不责众心理和暴力行为。

五　完善信息发布和舆论引导机制

完善信息发布和舆论引导机制，是有效处置群体性事件的重要保证，也是贯穿于群体性事件处置全过程的重要工作。通过主流媒体、官方政务微博或微信平台以及新闻发布会等，及时、快速、准确地发布权威信息，向社会公布事件起因、发展状况及处置结果，坚持“快报事实、多报措施、慎报原因、重报态度”的原则，让公众在第一时间知晓事件的真实情况，防止事态进一步扩大。尤其是在全媒体时代，互联网的开放性和普及性使得群体性事件迅速传播和发酵，加剧了事件的升级。因此，及时有效地解疑释惑、主动引导舆论，消解信息不对称滋生的负性社会心理，是有效应对、处置突发事件的前提和基础。可以说，主动发布信息就是引导民意，有效引导舆论就是赢得了民众的信任。

（一）加强对谣言的治理

中国青年报社会调查中心曾对“为什么谣言能广泛传播”这一问题进行了在线调查，受访者给出的首要原因是“权威部门不能及时发布准确信息，致使信息不透明”，在信息渠道多元化的当下，对所发生的事件进行隐瞒显然是不可能的，这样只会加剧民众的好奇心和想象力，对政府、媒体的公信力产生怀疑，从而导致谣言的大行其道，为此，控制谣言最有效的措施就是快速地公开相关信息。英国危机公关专家杰斯特提出了处理公共危机的 3T 原则：以我为主提供情况（Tell your own tale）、尽快提供情况（Tell it fast）和提供全部情况（Tell it all），即主动公开、迅速公开和全面公开。因此，第一时间抢占信息发布渠道，主动公开事件信息是击退谣言、化解纷争的利器，有利于减少民众不必要的恐慌，将事件的损害减小到最低限度，为后续事件的处置赢得主动。

此外，也需要提高公众的媒介素养。传播学者克罗斯在谣言公式的基础上进一步指出，谣言 =（事件的）重要性 ×（事件的）模糊性 ÷ 公众的批判能力，这意味着，公众对信息的判断能力也是影响谣言产生、扩散的重要因素之一。想要彻底消解谣言，一方面，需要官方的权威信息发布与辟谣措施，也需要提高民众对谣言的免疫能力，做到不信谣、不传谣。公众要提高自己的认识，加强学习，对各种信息进行理智的识别与判断，保持头脑清晰，避免在慌乱无措的情况下做出不理智的传谣行为。另一方面，民众要提高自身文明上网的法律意识，网络不是法外之地，在网络上发布信息是要遵守有关法律法规的。目前发布的《网络安全法》《互联网新闻信息服务管理规定》《中华人民共和国刑法修正案（九）》等都对编造、传播、散布谣言做出了明确的处罚规定，因此，民众要增强相关法律意识，约束个人行为。

（二）加强和完善网络舆情的监测、研判和预警机制

每一起突发事件发生后，都会伴随着大量谣言的产生和传播。在互联网飞速发展的背景下，网络已经成为谣言传播的重要平台。网络谣言是通过诸如邮箱、聊天软件、社交网站、网络论坛等网络介质进行传播的，具有流传速度极快、扩散性强、影响力广、社会关注度高等特点，这就要求相关部门高度重视网络谣言以及由此带来的网络舆情。网络舆情监管部门需要建立专业的舆情应对队伍和处理机制，利用先进技术手段第一时间全面了解网情民意，尤其高度重视网络上的负面观点和负面情绪，全面收集网络舆论信息，研判网络舆论的发展态势，防止网络舆情的扩大和演变。基于掌握的舆情信息，第一时间公布事件情况，防止网络谣言的产生和传播。同时，分析研判网络舆情，不仅要分析舆情的基本信息，还要进行更具深度和广度的社会情景和宏观环境的分析研判，才能更加准确地把握事件性质，有效地进行舆情引导和危机应对。网络舆情监管部门发现重大舆情信息后，必须在第一时间将有关情况及时报送主管单位和相关部门，以便各部门能够结合自身职能定位和实际情况提前做好应对准备。

六　构建多元主体协同参与的治理机制

随着我国市场经济的深度发展和城市化的不断推进，社会阶层迅速分化，社会资源结构、社会身份结构都在发生重大转变，在此背景下，当前我国的群体性事件发生领域广泛，涉及的利益主体多元化，参与人员越来越复杂，有各种职业、不同社会身份的各阶层人员，这就使得群体性事件的处置难度越来越大。2015 年中央出台《关于完善矛盾纠纷多元化解机制的意见》，指出要整合人民调解和司法调解等社会资源，综合运用调解、仲裁和诉讼等方式，形成多元协同互补的矛盾纠纷化解机制。群体性事件牵涉到方方面面错综复杂的利益关系，应坚持“社会协同、公众参与”的原则，让民间组织、社会团体、行业协会、企业和事业单位、公众都能参与进来，都有意见表达和利益博弈的机会，有利于尽早消解社会矛盾。因此，各级党委和政府必须转变社会治理理念，吸收整合多种社会力量，充分发挥他们化解矛盾、维护稳定的调节功能，探索建立多元协同的社会综合治理体系，以达到有效治理的目的。

在构建多元化的社会协调治理机制过程中，处于国家与社会之间的良性互动组织——社会组织能起到重要的沟通引导和规范作用。社会组织通过有序的引导，可以有效地把个人或群体组织起来，获取公众的心声和意见，然后再通过社会组织进行有序的表达。这种方式可以将公众的利益通过合理的渠道反映到相关部门，防止个人利益表达的弱化，有利于基层矛盾的化解。社会组织不仅能够引导公众释放不满情绪，还能够承担帮助公众维权的作用。仅靠政府的单一治理模式已经远远不能适应当前多元化利益群体的需求。尤其是进入新的社会发展阶段，社会治理已不再是政府的独角戏，而是在党的领导下，政府与社会组织的良性互动，通过多元社会主体合作共治的模式来有效应对多元化的群体性需求。因此，要加强社会组织建设，充分发挥社会组织自身调解的优势和作用，创新社会组织的管理模式，建立健全政府与社会组织的良性互动与合作机制，逐步形成专群结合、群防群治的防控社会治理体系。①

七　群体性事件的源头治理

党的二十大报告指出："当前，世界百年未有之大变局加速演进，我国发展进入战略机遇和风险挑战并存、不确定难预料因素增多的时期，各种'黑天鹅'、'灰犀牛'事件随时可能发生。"② 价值累加理论已明确指出，集群行为产生的最根本动因还是社会发展过程中凸显的各类矛盾和问题。因此，要从根本上有效防止群体性事件的发生，就必须创新社会治理，实施源头治理。

（一）完善社会保障制度

马克思指出："人们奋斗所争取的一切，都同他们的利益有关。"③ 可以说，当下许多群体性事件的起因都与民众的利益受损有关，有研究指出，当前，各类民生问题成为影响社会稳定的主要因素，其中大量问题是由切身利益受损引发的。从群体性事件类型来看，2010～2019 年群体维权

① 王炎波：《基于社会组织整合视角的群体性事件治理研究》，《安徽广播电视大学学报》2020 年第 3 期。

② 习近平：《高举中国特色社会主义伟大旗帜　为全面建设社会主义现代化国家而团结奋斗——在中国共产党第二十次全国代表大会上的报告》，人民出版社，2022，第 26 页。

③ 《马克思恩格斯全集》第 1 卷，人民出版社，1956，第 82 页。

类事件超过群体性事件总量的一半，占比为52.4%。[①]当前民众表现出来的社会心理失衡在很大程度上与利益需求密切相关，也有学者认为群体性事件是普通民众利益的社会表达形式之一，所以，在大力发展经济的同时，也要让广大民众共享发展成果，保障绝大多数社会成员的利益。为此，各级政府必须重视民生问题，完善社会分配机制，建立健全各项社会保障制度，切实维护广大民众的根本利益。基本民生保障体系的特征是低水准、广覆盖和有实效，其主要内容是初步使全体人民“学有所教、劳有所得、病有所医、老有所养、住有所居”。通过完善基本民生保障体系，可以让人民群众的生存安全有一个基本的底线，对未来生活、生存发展有一个可预期的愿景。尤其要加强弱势群体的社会保障，让他们及其家庭免于生活困顿、病无所医、老无所养的境遇，减轻他们的忧虑心理，这也体现了政府的高度责任感和社会发展的文明程度。早在党的十八届三中全会就已明确指出：“创新社会治理，必须着眼于维护最广大人民根本利益，最大限度增加和谐因素，增强社会发展活力，提高社会治理水平，全面推进平安中国建设，维护国家安全，确保人民安居乐业、社会安定有序。”[②] 因此，把人民的利益放在首位，维护好人民的切身利益才是有效防范和治理群体性事件的根本所在。

（二）健全基层矛盾化解机制

《中共中央关于坚持和完善中国特色社会主义制度　推进国家治理体系和治理能力现代化若干重大问题的决定》中明确提出：“完善正确处理新形势下人民内部矛盾有效机制。坚持和发展新时代‘枫桥经验’，畅通和规范群众诉求表达、利益协调、权益保障通道，完善社会矛盾纠纷多元预防调处化解综合机制，努力将矛盾化解在基层。”[③] 健全基层政府的矛盾化解机制可以有效地遏制和消弭矛盾、防止矛盾累积和激化，对于维持社会稳定和保障社会机体的良性运转意义重大。健全矛盾化解机制首先应该建立明确的矛盾化解机构，将矛盾化解工作落实到具体的政府部门，作为承担矛盾化解工作的重要主体。其次，建立矛盾排查和调解制度。按照属地管理的原则，定期

① 李倩倩等：《我国群体性事件的典型特征、治理问题与对策建议》，《智库理论与实践》2022年第2期。

② 《十八大以来重要文献选编》上，中央文献出版社，2014，第539页。

③ 《十九大以来重要文献选编》中，中央文献出版社，2021，第287页。

对所在区域的不稳定因素进行重点排查，以便及早发现影响社会稳定的潜在风险。可依托基层的村委会、乡镇派出所、城镇社区等开展排查。一旦发现矛盾和问题，就应该及时调解，防止矛盾激化和积累。

（三）完善对话协商机制，及时化解社会矛盾

对话协商是一种参与民主，其本质是信任、沟通和理解，其要求是公民以各种形式参与民主。[①] 一些群体性事件之所以会发生，就是因为缺失对话机制，双方没有进行充分沟通，信息公开不及时，最终导致民怨积累，谣言扩散，信任破裂。尤其是在自媒体时代，人人面前都有一个“麦克风”，在没有充分了解事件真相的情况下，非常容易受到网络观点的影响，激发产生更强烈的负面情绪和偏激言论。因此，各级政府和相关部门应该通过合法的制度，建立合理的渠道让民众有机会充分表达诉求和意愿，使得矛盾双方能够通过对话促进沟通，抓住主要矛盾和核心议题，寻找共同利益来达成共识，这样有助于使社会各种紧张、敌对情绪得以释放，避免极端行为的出现。实质上，社会矛盾具有两面性，它不仅具有影响社会稳定的负面作用，还具有促进社会整合、减少两极对立、增强社会弹性的积极作用。而完善对话协商机制，它作为一种社会安全阀机制，能够化解民众的焦虑负面情绪，使社会矛盾得以释放、消解，以保障社会秩序的稳定。

（四）提升各级政府的公信力

信任是社会稳定的基石，如果人们之间缺乏普遍的信任，社会将会瓦解。政府公信力是社会信任的前提和基础，政府公信力的下降会造成全社会的信任危机。政府公信力是指政府相关部门在处理公共事务时所具备的为社会公众所认同和信任的影响力。政府公信力的高低能够反映出公众对政府的认可程度，谣言的产生与传播在一定程度上也反映出民众对官方信息的不信任。提升政府公信力是一项长期的系统工程，只有政府有责任、有诚信，才能保障社会公共服务能够满足民众的需求，保障社会治理的公平性、持续性和高效性。因此，各级政府及各部门必须严格执法，严格按

---

① 崔立英等：《完善对话协商机制　妥善化解社会冲突——快速转型期群体性事件的对话协商问题研究》，《党史博采》（理论）2011 年第 6 期。

照宪法和法律规定的权限和程序行使权力、履行职责。各级政府的一切工作都应牢固树立以人为本、执政为民的理念，以维护民众的根本利益为出发点和落脚点，切实提高政府部门公共服务的质量和效率，才能不断提升各级政府的公信力。

（五）推动基层协商民主的完善

党的十九大报告指出："我国社会主要矛盾已经转化为人民日益增长的美好生活需要和不平衡不充分的发展之间的矛盾。我国稳定解决了十几亿人的温饱问题，总体上实现小康，不久将全面建成小康社会，人民美好生活需要日益广泛，不仅对物质文化生活提出了更高要求，而且在民主、法治、公平、正义、安全、环境等方面的要求日益增长。"① 为了能够有效回应民众的新需要，解决社会发展中出现的新问题、新矛盾，就必须要加强和创新社会治理，建立共治共享的社会治理新格局。在当前社会结构多元化、利益格局多元化和思想认识多元化的背景下，仅靠政府"一元"化的管理模式难以收到满意效果，迫切需要实现从"一元"向"多元"治理方式的转变。尤其在基层社会治理中，基层面对的主要问题大都是与人民群众的切身利益有关，要维护好人民群众的基本权益，在开展工作和做出重大决策时，就需要通过协商民主的方式，让多元利益相关方平等地协商、充分地互动交流、理性地表达，并相互妥协，最终达成共识，而不是依靠以往简单、粗暴的行政命令式的做法。只有坚持"平等、多元、互动"的原则，大家的事情由大家共同协商、平等参与，才能够防止基层矛盾的扩大化，这也是提升基层社会治理能力和治理水平的有效途径。

（六）加强社会心理预警，疏导社会心态

预防与化解社会矛盾是社会治理实践工作的重要目标，也是社会治理理念区别于传统管理模式的又一典型特点。新的治理理念在处理社会矛盾时更加明确地提出要保障人民群众的利益，从根源上预防和化解矛盾，并且特别强调要倾听民意、帮助民众形成积极的社会心态。② 社会心态是人们对社会生活的认识以及由此产生的情感和行为意向的一种表达，是社会

---

① 习近平：《决胜全面建成小康社会　夺取新时代中国特色社会主义伟大胜利——在中国共产党第十九次全国代表大会上的报告》，人民出版社，2017，第 11 页。

② 杨玉芳、郭永玉：《心理学在社会治理中的作用》，《中国科学院院刊》2017 年第 2 期。

整体精神风貌、社会运行机制效能以及社会聚合状况的直接反映，也体现出公众对于当前政府工作和社会发展的态度和满意程度，是影响社会稳定的重要隐性指标。因此，分析特定时期的社会心理，了解社会环境变化下社会成员普遍的思想意识与心理状态，了解社会成员对现行社会运行机制的态度以及对社会的认同度，对于及早发现潜在的社会问题、及时化解和调节社会矛盾具有重要作用。另外，通过对公众社会心态的分析，可以掌握公众普遍的心理需求和精神需求，通过有针对性的主动的心理干预和引导，消减公众不良的心理状态和行为，为良性沟通创造条件，以避免事件不必要的升级和扩大。社会心理失衡现象的出现，到极端社会行为的产生，中间要经历一个较长时间的酝酿、发酵和爆发的过程，这就为社会心理预警和干预提供了一定的时间。在这段时间内，通过对社会心理的分析研判，不仅能够为政府管理决策提供参考，还能够通过专业科研机构和心理学工作者及时对民众的心理进行引导干预，来缓解和疏导民众不满的心理和情绪，降低矛盾冲突发生的概率。要建立社会心理预警机制，政府需要组织并整合多学科共同参与，利用先进数字化、网络通信技术等建立社会心理监测指标和分析模型。社会心理监测指标涉及公众的生活和职业满意感、对各级政府和基层干部工作的满意度、对社会问题的判断以及应对社会问题的行为意向等。通过这些指标，预测个体、群体以及某一区域性可能出现的社会心理变化，相关部门根据这些研判结果采取科学的舆论引导或危机干预措施，来疏导公众的负面情绪，提高公众理性认识问题的能力，引导公众形成理性平和、积极向上的社会心态。

第四章　突发事件下应急响应人员的心理与行为

第一节　突发事件对应急响应人员的影响

一　应急响应人员的界定

本章所讨论的应急响应人员源于第一响应人（The First Responder）概念。第一响应人最早起源于急救医疗服务（Emergency Medical Service），是以减少交通事故伤害、完善救护系统为目的的志愿者行为。之后，急救医疗服务概念逐渐由医疗救助拓宽到应对突发事件，参与人员也由医疗志愿者扩展到其他更多突发事件应对人员。应急响应人员是指突发事件发生后，在第一时间内赶赴现场，能够开展抢险救灾的各类人员，如武警官兵、消防战士、公安民警、民兵、医护人员、各类专业抢险救援人员、新闻媒体工作者、基层救援指挥员、企事业单位人员、心理学工作者、社会工作者、志愿者等所有参与灾难后紧急救援的人员。也有研究者把这些人员统称为“救援人员”。

二　应急响应人员心理健康的重要意义

突发事件的不可预测性和严重破坏性，不仅给事件亲历者带来了极大的心理冲击，也会给前往突发事件现场进行抢险救援的各类响应人员造成巨大影响。事发后，各类响应人员会在第一时间赶赴事件现场，会不可避免地目睹到许多惨烈的场景，会给他们带来强烈的视觉和心理冲击，导致其出现恶心、呕吐、食欲不振、做噩梦等情况。同时，响应人员的自身职责也决定着他们将承担繁重而艰巨的抢险救援任务，尤其是在重大突发事件发生的72小时内，即黄金救援期内，为了挽救更多人的生命，响应人员必须争分夺秒，挑战自身的体能极限，投入到高强度的抢险任务中。此外，在执行救援任务过程中，如果存在指挥体系混乱、职责分工不清、工作机制不健全、部门之间沟通协调不畅等情况也会给响应人员带来一定的心理冲击和困惑，使得他们对工作的控制感降低，产生烦躁情绪，甚至是职业倦怠。总之，复杂的现场环境和救援抢险任务的艰巨性使得应急响应人员会长时间暴露在高压力的工作环境下，他们的生理和心理都将承受着多重挑战。心理学研究表明，压力是个体在面对突发情况时出现的身心紧张状态，适度的压力可以使人兴奋，增强个体的行为动机，促进工作绩效的提高，而过度持久的压力则会引发个体出现一系列生理、情绪、认知和行为方面的应激反应，如呼吸急促、心跳加速、胃部痉挛、身体疼痛；紧张不安、脾气暴躁、情感麻木；注意力不集中、记忆力下降、思维迟缓、工作效率低下；等等。这些不良的压力反应首先会损害应急响应人员的身体健康；其次会引发焦虑抑郁等情绪心理问题，削减他们的工作热情，导致工作效率的降低，还会影响整个队伍的战斗力，不利于救援任务的顺利完成；严重的可能会产生持久的心理创伤。因此，响应人员在救援任务执行过程中，心理受到冲击的程度仅次于突发事件的直接亲历者，实质上他们也属于心理高危人群，他们的心理健康不仅是维护自身健康的重要基础，还是突发事件有效处置的重要保障，需要引起全社会的高度重视。

2008 年汶川地震发生后，卫生部印发了《紧急心理危机干预指导原则》，将需要接受心理危机干预的人群分为四级，将现场指挥、救护人员（包括消防、武警官兵，医疗救护人员和其他救护人员）列为心理干预的二级人群。2020 年国家卫生健康委印发的《新型冠状病毒感染的肺炎疫情紧急心理危机干预指导原则的通知》中，将疾病防控一线医护人员、疾控人员和管理人员等列为一级人群，说明了国家层面对于应急响应人员心理健康的高度重视。

三　突发事件对应急响应人员的心理影响

现有大量研究都表明，突发事件会对参与现场应急救援的各类响应人员的心理健康造成不同程度的影响。2020 年新冠疫情发生后，针对医护人员的许多研究都显示，抗疫一线的医务工作者压力过大，容易出现焦虑、恐惧、无助、愤怒等情绪，以及疲劳紧张甚至耗竭崩溃的状况。医护人员心理危机的症状呈现多样化，轻则导致性格改变、身体不适；重则产生消极情绪和职业倦怠感，对生活和工作造成影响，还可能存在自杀的风险。2019 年四川省凉山州木里火灾发生后，心理测评调查发现一线参战指战员存在中度及重度的焦虑、抑郁情绪和失眠、噩梦、闯入性思维、闪回、回避等急性应激障碍或创伤后应激障碍的症状。汶川地震发生后，对抗震救灾官兵的调查发现，36.1% 的官兵自觉身心都受到影响，7.6% 的人员受到中、重度影响。① 此外，复旦大学针对汶川地震后赶赴灾区的新闻记者的调查显示，超过半数的受访记者曾经产生过不同程度的恐惧情绪，接近半数的记者会有“情绪低落”的不良反应，以及焦虑、失眠和噩梦的生理反应。

研究表明，在执行抢险救援任务的不同阶段，响应人员的心理反应有所不同。在执行任务前，救援人员突然接到命令，要赶赴事件现场，往往在生理上和心理上都没有时间做好充分的准备，难免会出现焦虑、紧张、忐忑不安、恐慌等情绪；对现场情境的不确定性会使部分救援人员怀疑自己是否有能力完成任务。救援过程中主要会表现出一系列急性应激反应和长时间疲劳、饥饿、严重睡眠不足等导致的身心过度紧张和耗竭状态。救援结束后可能会出现心理疲劳和创伤后应激症状。

总结已有研究发现，救援人员的心理问题主要包括应激相关心理障碍、情绪问题以及职业倦怠。

1. 急性应激障碍

急性应激障碍通常是在突发公共事件发生后快速产生的，是急性的、严重的心理冲击的直接后果，往往在受到冲击的 1 小时之内出现，表现为强烈的紧张恐慌体验，并伴有运动型神经兴奋，行为具有一定的盲目性，或是行为抑制甚至木僵。急性应激反应一般持续一两周，一个月内逐渐缓解。救援人员刚进入事件现场时，都会被现场惨烈的情景所震撼，会出现剧烈心跳、胸闷、头晕、全身发软、呼吸困难；恶心呕吐、胃部不适；并伴有强烈的恐惧感；对声、光、噪声敏感；易烦恼、激惹；失眠、做噩梦、易醒；等等症状。

2. 焦虑与抑郁

焦虑与抑郁症状在救援人员中十分常见，二者与急性应激障碍、创伤

---

① 冯正直、夏蕾：《灾害救援人员任务后生理心理干预模式理论建构》，《中华灾害救援医学》2016 年第 2 期。

后应激障碍有密切关联，共病率也较高。有研究显示，医务救援人员中的焦虑与抑郁的患病率均高达15%，但在不同类型的突发事件或不同的救援群体中，焦虑与抑郁的患病率存在一定差异。

3. 替代性创伤

突发事件发生后，许多救援人员会赶赴现场实施救援，在施救过程中，他们会与受灾群众发生互动，或多或少会被受灾群众的内在体验所影响，不仅会倾听到他们的痛苦感受，还会目睹到他们的真实处境，从而间接地感受到灾难发生时受灾群众的创伤性体验，由此给救援人员带来一定程度的心理影响。萨阿科维特内和珀尔曼（Saakvitne& Pearlman）认为替代性创伤是："一种助人者的内在经验的转变，是同理心投入于当事人的创伤题材所产生的结果"，是救援人员感同身受的结果表现。[①] 一般来说，这种反应会在一段时间后消除，但如果没有适时恰当地给予处理，会严重影响救援人员的身心健康与生活适应。

4. 创伤后应激障碍

创伤后应激障碍（PTSD）是救援人员最常见的心理问题，救援人员的PTSD患病率远高于其他群体。较早的研究发现，救援人员患PTSD的风险较高，总体患病率为10%。相比之下，普通人群中PTSD的终生患病率为3.9%。从时间进程来看，在缺乏有效干预的条件下，PTSD的患病率或症状严重程度比较稳定，甚至有提升的趋势。[②]

5. 职业倦怠

在充满风险和挑战的工作中，职业倦怠是较为常见的身心健康问题之一。马斯拉奇和杰克逊（Maslach & Jacson）认为职业倦怠是在以人为服务对象的领域中，个体所表现出来的情绪衰竭、人格解体和低成就感等综合症状。[③] 由于突发事件造成的损失严重，救援任务时间紧、任务重，救援人员还会接触到大量的死伤人员以及幸存者，长时间的连续工作，会使救援人员体验到一种身体、精神和情感的耗竭状态，与心理障碍的患病率相比，救援人员职业倦怠的比例更高。职业倦怠是一种多维度现象，是由情

---

① 转引自李序科《灾难性事件救助人员替代性创伤及其社会工作救助》，《中国公共安全》（学术版）2008年第12期。

② 李昌俊、贾东立、涂燊：《救援人员的主要心理问题、相关因素与干预策略》，《灾害学》2021年第1期。

③ 李文静、宋双斌：《职业倦怠研究综述与展望》，《人力资源管理》2016年第5期。

感、态度、生理、行为、人际关系等几方面的症状组成。情感态度方面表现为无助无望、否定的自我概念；对工作、生活、他人等的态度消极。生理方面会有慢性疲劳、消化不良、失眠、肌肉紧张、内分泌紊乱、心跳加快、呼吸急促、免疫系统受损等表现。行为方面会出现工作质量或效率降低；缺乏创造性，旷工缺勤增加，酒精或药物等物质滥用，转换或辞去工作；等等。人际关系方面会表现出人际冲突增加、不愿与人交流、社交功能退化等。职业倦怠不仅影响到个体的身心健康，还会影响到员工的职业价值观和工作态度，从而影响到个体的工作绩效，最终影响到整个组织的效能和工作成绩。

四　突发事件下应急响应人员的压力来源

（一）突发事件现场环境

突发事件往往会造成事发现场环境遭到严重破坏。房屋损毁倒塌、公共设施损毁、道路被毁、群众伤亡等各种惨烈的情景会呈现在第一时间赶赴现场的各类响应人员面前，给他们带来强烈的视觉、嗅觉和心理冲击，导致其心理上出现强烈的不适感，如恐惧、震惊、悲愤等。突发事件还会造成现场道路不通、通信中断、停水停电，响应人员也会面临救援行动任务艰巨、工作量大、生活物资匮乏、设备不齐全、人员有限、较大的时间压力、工作环境恶劣以及次生衍生灾害发生的危险，这些非常态的现场环境势必会加剧他们的身心反应。已有研究表明，不利的工作条件是救援人员产生工作应激的重要因素之一。此外，响应人员虽然没有亲身经历突发事件的发生过程，但事件幸存者恐慌紧张、悲伤难过的情绪也会传递给他们，对他们的心理产生消极影响。总之，不利的工作条件会严重影响响应人员的身心健康。

（二）救援任务

应急救援任务都是高负荷、高强度、高风险的，尤其是在重大突发灾害发生的72小时内，即黄金救援期内，为了挽救更多人的生命，响应人员必须争分夺秒，挑战自身的体能极限，投入到高强度的工作任务中，超长时间连续作战，不能休息。救援人员睡眠严重缺乏，特别是在事发初期的2～3天里，一般睡眠时间仅3～4个小时；饮食也无规律，有时连续工作一天才吃一顿饭。除了超强的工作负荷外，在救援任务执行过程中，还会涉及多部门的协调配合，如果存在指挥体系混乱、职责分工不清、工作机制不健全、部门之间沟通协调不畅等情况都会进一步给响应人员带来心理冲突和困惑，使得他们对工作的控制感降低。这些因素不仅会降低个人的行动效率，影响整个队伍的战斗力，也不利于救援任务的顺利完成。

五　应急响应人员全过程心理健康维护的策略

自汶川地震后，针对受灾群众的心理援助工作得到了全社会的高度关注，而针对应急响应人员的心理援助工作也开始得到关注，尤其是新冠疫情使得以医护人员为主的应急响应人员的心理健康得到前所未有的高度重视。由于突发事件不同于一般的生活事件，其所具有的高度复杂性和特殊性，决定了危机状态下的心理调适与常态下的心理调适有所不同，不仅需要考虑危机状态下特殊的压力来源，更需要从应急管理生命周期的角度，从时间维度上开展事前、事中、事后的全过程心理干预与援助工作，才能系统科学地提升响应人员的心理素质和抗压能力，才能有效地维护响应人员的身心健康。

（一）突发事件发生前的心理准备

现代应急管理工作的核心理念就是做好事前的预防与准备，心理健康工作亦是如此，突发事件发生前的准备工作可以减轻突发事件对个体心理、生理上的冲击，增强个体面对危机时的自我调控能力和复原力，降低心理问题发生的概率。事前的准备工作主要有以下几方面。

第一，执行任务前的紧急培训。执行任务前应该充分说明任务的性质、时间、地点、目的、要求等，尤其要强调此次救援任务的艰巨性和光荣性，来激励士气、鼓舞斗志。同时讲解救援人员可能会遇到的惨烈场景，可能会出现恐惧、害怕、紧张、退缩等情绪和行为反应，强调这些都是正常的心理反应，不是心理障碍。

第二，进一步优化应急响应的工作预案。前已述及，工作方面的压力，例如部门机构之间职责不清、分工不明确，指挥混乱、人员角色模糊、工作定位不清等也是救援过程中引发压力的重要因素。因此，理顺工作机制、优化工作预案也是减轻响应人员心理压力的重要方面。美国在应急管理方面的成功经验就是建立了国家层面的标准化的应急指挥体系，规定了应急管理的组织机构、程序、基本术语、具体操作等，使应急响应者明确自身的职责与工作流程，在面对突发事件时，知道自己该做什么，从而避免惊慌失措。为此，各部门应进一步优化应急响应工作的管理体系和工作机制，明确自身职责，提升应急响应工作流程的标准化和可操作性，使响应人员对自己的角色、职责和具体的工作内容做到心中有数。

第三，定期开展心理学知识的宣教与培训。具备一定的知识和经验是提高应对能力的前提和基础，只有具备了基本的心理学知识，了解了心理压力的产生机制和调节手段，才可能在面对危机时，意识到自身的压力反应，并主动采取相应的应对措施。因此，通过加强心理健康方面的教育和培训，可以帮助响应人员了解身处突发事件现场时可能出现的一些心理问题，并学会应对问题的方法。在事发前如果做好了充分的心理准备，在面对危机时才能保持较好的情绪状态，不至于出现极度的紧张焦虑和烦躁不安。为此，维护响应人员的心理健康，不仅要重视事发过程的心理援助，还应该将心理干预前置，将心理学知识的普及教育科学、系统、持续地贯穿在平时的安全教育和训练科目中，同时也可以借助本部门的报纸、杂志、网站、手机客户端等多种途径在日常生活中宣传心理学知识，为救援人员铸就心理防线。

第四，定期组织突发事件模拟演练。模拟演练是提高组织和个人危机应对能力的有效手段，通过演练一方面可以磨合不同组织、部门之间的响应机制，帮助响应人员熟悉自己的工作流程和工作内容，减少因职责不清、分工不明确等来自工作机制方面的压力；另一方面，模拟演练比较接近真实场景，能够让响应人员感受到真实场景下的各种情况和可能出现的压力反应，对于他们提前做好准备，提高心理承受能力和抗压能力大有裨益。

第五，开展心理健康状况评估。突发事件的应对处置除了需要应急响应人员具备一定的专业知识和实践经验外，更需要其具备良好的心理素质和抗压能力，才能保证他们在高压状态下能够适应环境、良好应对。因此，有必要通过心理测评工具，对响应人员的心理健康状况做相应的了解和评估，这样不仅有助于了解响应人员是否能够适应高压力的工作环境，还能够及早筛查出存在心理危机风险的潜在个体，及早地介入干预。

（二）突发事件发生时的心理疏导与心理援助

突发事件发生时，由于时间紧、任务重，应急响应人员常常要在超负荷的状态下，超长时间工作，同时还可能要面对来自组织协调、资源短缺、信息沟通等方面的工作压力。可以说这是应急响应人员压力最大的时刻，这段时间救援人员的心理状态也会深刻地影响抢险救援工作的效果，因此，事发时的心理疏导与援助工作非常重要。执行救援任务时，需要做好以下几方面的工作。

第一，响应人员要学会主动进行自我觉察，及早识别压力信号。突发事件是对个体和社会构成严重威胁的意外事件，往往极大地超出了个体的应对能力，因此，个体不可避免地会出现紧张、焦虑、恐慌、逃避等一系列身心反应，这些反应是个体面对危机事件时的正常反应，在一定时间内可以逐渐缓解。如果这些反应持续时间较长，出现注意力集中困难、脾气暴躁、身体不适加剧、工作效率下降等情况，就说明此时的压力已经超出了个体所能承受的范围，需要主动进行调节了。为此，响应人员要增强心理健康意识，主动觉察自身的压力反应，尤其要识别出异常反应，及早地主动进行调节。如果感到压力过大，自身无法有效调节时，可以寻求专业机构和专业人员的帮助，以降低心理问题发生的风险。

突发事件现场的自我调节可以是短暂地休息一下，补充一下能量，吃点东西，这样也能够缓解紧张的情绪。也可以有意识地进行腹式呼吸，把注意力放在呼吸上，通过多次缓慢而深长的一吸一呼，让身体慢慢放松下来，缓解身体的疲惫。还可以通过肌肉放松的方法，伸个懒腰，做一下扩胸、蹲起动作，来放松高度紧张的身体。必要时，也需要适当地宣泄一下情绪，可以大吼或大声哭泣，找一个发泄点来释放压力。此外，当压力过大时，可以和身边的同事讨论一下救援的情况，说出自己的感受；也可以和亲人、朋友打个电话，聊聊天，以获得同伴和亲人的支持。

第二，加强针对应急响应人员的心理援助。世界卫生组织的专家曾指出，没有任何一种灾难能像心理危机那样给人们带来持久而深刻的痛苦，而心理援助则能有效地减轻创伤事件的影响，促进个体心理、社会功能的恢复，因此，突发事件发生后，及时开展针对应急响应人员的心理援助工作是维护这一群体心理健康的重要手段。目前的心理援助工作更多关注的是受灾群众，针对响应人员的心理援助工作还有所不足，在突发事件日益频发的当下，加强针对这一群体的心理援助工作尤为紧迫。近年来，国家有关部门已经将对响应人员的心理援助工作放在与受灾群众的心理援助工作同等重要的位置，将各类应急响应人员列为心理干预的重点人群，从整体上统一规划、部署和实施。但由于响应人员的压力源与受灾群众的压力源存在差异，今后还需要继续探索更加适合响应人员特点的心理援助工作模式和更加有针对性的心理调适方法。

第三，组织上要重视响应人员的工作压力。大量研究表明长期超负荷的工作压力是影响心理健康的重要因素，突发事件发生后，响应人员的工作任务往往是平时工作量的数倍以上，很少有休息的时间。如果长时间得不到充分的休息，个体身心会严重透支，体能下降，不仅会带来神经衰弱、肠胃疾病、免疫力下降等问题，还会加剧烦躁、焦虑、抑郁等情绪问题，甚至出现职业倦怠现象，完全丧失工作热情和工作积极性。因此，在执行救援任务时，组织上要尽可能地做好工作安排，适时主动地降低他们的工作强度，争取他们能够得到必要的休息。对于感到压力过大的响应人员，可以主动调整他们的工作岗位，给他们提供一个短暂的休整时间，避免不良压力的累积。

第四，响应人员要主动借助社会支持系统缓解压力。社会支持系统是由家庭成员、同事、朋友等组成的人际关系网络，通过人际的互动交流活动，能够帮助个体宣泄不良情绪，释放压力，因此，社会支持系统是压力缓解的重要外部力量。在紧张的救援过程中，响应人员难免会产生一些消极情绪，因此，要有意识地借助社会支持系统，主动地多与家人、朋友、同事沟通交流，而不要压抑情绪、独自承受。在紧张的救援过程中，救援人员往往难以获得来自外部的心理支持，所以，响应人员要树立社会支持的意识，尽可能地多与同事、亲朋交流，来排解情绪，舒缓压力。

（三）突发事件结束后的心理调整与心理支持

突发事件的应急处置工作虽然结束了，但事件本身对个体心理的影响还未结束。世界卫生组织的调查显示，重大突发事件结束一年之内，大约有20%的人可能出现严重的心理疾病，他们需要长期的心理支持与干预。虽然紧张的抢险救援工作结束了，但这段时间的经历和体验会对他们今后的工作和生活产生长期的影响，因此，及时做好任务结束后身体上和心理上的调整，对于维护响应人员长期的心理健康作用重大。

第一，使用团队经验分享方法，做好心理调整。对于参与突发事件处置的人员来说，在工作层面和心理层面都经历了严峻考验。无论是个体还是团队，都需要对此次工作进行总结与梳理，不仅要总结工作方面的成绩与经验，更要关注个体的心理状态。经验分享方法可以引导团队成员说出面对突发事件时的情绪反应、感受体会，团体成员之间可以一起讨论分享，这种相互讨论还能够启发个体发现更多解决问题的方法，获得支持。实践证明这种经验分享过程能够帮助个体减少情绪心理上的困扰，使成员感受到组织内部的相互支持，也有助于团队凝聚力的增强。

第二，借助相关机构，开展心理咨询与心理支持的长期服务。突发事件发生后，响应人员的生活环境、工作方式、价值观念等都发生了一定的变化，要重新回归到正常的工作和生活中去，需要一定的时间去调整，因此，突发事件结束后心理的调适与恢复也是一项长期的工作。事后的心理调适是一项专业性和科学性都很强的工作，必须依靠专业机构、专业人员来完成，因此，需要依托现有的医疗卫生机构和心理咨询机构开展长期的心理咨询与心理支持服务。当然，也需要从国家层面对提供心理支持服务的组织机构、工作机制、人员保障、资金保障等方面制定政策和规划，以保障心理支持工作的长期、可持续开展。

第三，响应人员主动培养自身的心理弹性。心理弹性是指个体在面对生活逆境、威胁及一些重大生活压力事件时所具有的良好的调整与适应能力，也就是个体在面对压力和挫折时的复原能力。心理弹性包含了乐观自信、坚强、积极的自我评价、较高的成就动机等有效应对压力的积极的个性特质，因此，在日常工作生活中，响应人员应有意识主动地培养坚强的性格、积极的自我评价和乐观向上的生活态度，这些良好的心理品质会帮助他们提高心理韧性，更好地应对危机带来的挑战。

第四，重视培养基层心理工作骨干人员，加强队伍自身的心理健康服务能力。在基层队伍中选拔一些骨干人员作为重点培养对象，向心理专家学习心理学知识与有关技术，为基层队伍主动培养能够从事心理健康工作的后备人才。同时，与心理学专业教学和研究机构建立联系和合作，结合自身队伍的任务实际，设计相关培训体系和课程内容，如心理学基础知识、心理评估、危机干预等。通过开展中长期的知识和技能培训，来提升基层队伍自身的心理健康服务能力与水平，以便更直接、更便捷地为基层人员的身心健康服务。

第二节　突发事件对领导者的影响

作为突发事件的管理者，领导者在突发事件应对与处置过程中至关重要。突发事件发生后，他们不仅会亲临事件现场，目睹现场惨烈混乱的场景，接触到各类受难人员，感受到受灾群众强烈的情绪反应，还必须在有限的时间和资源条件下，快速做出关键性决策、部署具体的危机应对措施，因此，突发事件给领导者也带来了强大的心理压力和巨大的考验。

心理学研究表明，适度的压力可以让个体兴奋，增强个体的行为动机，有利于提高其工作绩效。而过度持久的压力不仅会损害个体的身心健康，还会使压力承受者注意力、观察力和判断力下降，错误决策的概率成倍增加。因此，做好突发事件应对中的压力管理工作，不仅是提高领导者应急管理能力的重要课题，也对整个突发事件的有效处置具有重要意义。

一　突发事件下领导者的压力来源

与一般的生活事件相比，突发事件应急管理工作的压力来源具有其特殊性和广泛性，常见的压力源有以下几类。

（一）突发事件本身

突发事件本身具有紧迫性、突发性、危害性、不确定性、资源稀缺性等特征，它的发生往往是没有任何预兆，而结果又很严重，人们对于突发事件的发生在心理上和身体上都没有做好任何准备，因此，面对突发事件难免会让人产生紧张焦虑和惶恐不安。即便是具有丰富行政管理经验的领导者，面对突发事件的严重后果和高度不确定性，也会产生很大压力。有研究者就突发事件的突发性、危害性、紧迫性、不确定性、资源稀缺性对应急决策者造成心理压力的程度进行访谈调查，发现突发事件危害性对应急决策者造成的压力最大，其次是紧迫性、不确定性、资源稀缺性，突发性造成的心理压力最小。①

---

① 张云翌、杨乃定、刘效广：《突发事件下决策者应激历程与心理压力调整研究》，《西北工业大学学报》（社会科学版）2013 年第 2 期。

（二）决策的压力

突发事件作为小概率事件，人们对它的认识往往十分有限，相关经验严重不足，而它又具有紧迫性和严重危害性，所以突发事件发生后必须尽快得到控制，才能防止危害的进一步扩散，这就要求领导者要在最短的时间内果断地做出最有效的决策。显然，在危机决策过程中，满足有效决策的内外部条件都存在很多限制，给决策者带来了极大挑战。有效的危机决策不仅能够缓解眼前的紧急事态，还能为后续工作的深入推进赢得时间，这就对领导者的决策能力有着非常高的要求，不能出现失误，否则会加速危机的扩散，引发谣言，社会大众人心惶惶，造成更大范围的社会动荡。

（三）舆论媒体的压力

突发事件因具有高度的破坏性自然就成为媒体舆论关注的对象，尤其是进入全媒体时代，借助互联网和手机移动终端，事件信息的发布和传播更为便捷和快速，而当权威信息未能及时发布时，谣言又会大行其道，进一步加剧社会的恐慌和混乱。在一定程度上，舆论引导工作还是突发事件有效应对的第二战场。如果舆论引导不恰当、信息发布不及时、发布内容没有涉及公众关切，这些都将催化公众的不安情绪，引发更大的舆论压力，并直接影响突发事件的有效处置和政府形象。因此，突发事件发生后，领导者不仅要控制事态的发展，还要关注舆论态势，做好舆论引导工作。

（四）问责的压力

2007 年我国颁布了《突发事件应对法》，其中明确规定了各级政府应对各类突发事件的责任，以及处置不同类型、不同严重程度的突发事件的主体权限。同时，该法对于政府和相关部门没有采取防范措施、导致发生严重突发事件的，或未按规定及时采取措施、处置不当、造成严重后果的情况，都规定了明确的法律责任。直接领导者可能受到撤职或者开除等行政处分，情节严重的还要被追究刑事责任。因此，突发事件责任重大，一旦局面控制不好，就会造成严重后果，问责的压力无疑也会增加领导者的心理负担。

（五）维稳压力

重大突发事件往往涉及面广泛，影响到众多人群的正常生活和工作，如果没有妥善处理好有关问题，势必会成为影响社会稳定的重要不确定因素。特别是灾后的恢复重建阶段，人民群众的很多现实生存问题涌现出来，人们的情绪心态很不稳定，很容易因为小事而引发激烈的冲突，因此，如何在做好恢复重建的同时，有序促进人们的生产生活秩序正常化，维持社会秩序的稳定，这是领导者需要长期处理的工作，而这一工作也将面临诸多挑战。

（六）组织因素

应急管理工作是一种组织行为，因此，组织层面的因素也是引发个体压力感的重要来源。研究表明，组织内部的诸多因素，如组织结构、领导风格、沟通机制、任务要求、工作负荷、职责模糊、角色冲突等都会给个体带来极大的心理压力。突发事件发生后，在时间紧迫和资源有限的条件下，要求领导者快速采取有效措施，防止事态的扩大。如果出现组织机构之间职责不清、分工不明确，指挥体系混乱、工作机制不健全、部门之间协调不畅、人员角色模糊、工作职责不清等问题，都会给领导者造成极大的心理冲突，降低其对工作的控制感。这种压力不仅影响个人的管理行为，还会影响整个团队的工作士气，对组织目标的实现产生破坏作用。

（七）工作压力

突发事件发生后，事件现场往往会出现缺水、断电、物资缺乏、交通受阻、通信中断、卫生设施和休息场所不足的情况，同时还会面临着发生次生衍生灾害的危险，这种艰苦的工作条件会持续一段时间，对领导者也是一种考验。此外，突发事件爆发后，领导者的工作负荷会异常繁重，有非常多的工作需要加班加点才能完成，一方面自身得不到休息，失眠和睡眠不足问题突出，另一方面与家人相处的时间大为减少，不仅自身压力无法排解，还不能承担家庭的责任和义务，导致工作和家庭之间产生矛盾，引发内心冲突。

（八）个性特征

个性特征是压力反应的中介调节因素，面对相同的情景，个体在人格特征、归因模式、认知方式、自我效能感、动机水平、经验和准备状态等心理因素方面存在差异，因此，个体对压力的感知和反应也有所不同。例如那些竞争意识强、成就动机高、讲求工作效率、时间紧迫感强的个体常处于焦虑状态中，他们的压力感要高于个性随和、生活悠闲、对工作要求不高、对成败得失看得淡薄的人。具有丰富突发事件处置经验的个体，他们的压力水平也会低于处置经验较少的个体。

二　领导者全过程心理健康维护的策略

（一）突发事件发生前的压力预防与准备

突发事件应急管理主要包括预防准备、应急响应与恢复重建三个阶段，其中，预防准备工作的收益最大，可以从根本上遏制突发事件的发生，或减少突发事件的损失。古人云："凡事预则立，不预则废。"汶川特大地震发生时，桑枣中学2300多名师生，迅速启动应急疏散预案，仅用1分36秒就从两栋四五层高的教学楼内井然有序地疏散到操场且无一人伤亡的典型事例，就深刻说明了预防准备在现代应急管理中发挥的重要作用。由于预防的作用是长期的、隐性的，也是最容易受到忽视的，压力管理也是如此。事实上，突发事件发生前的预防与准备工作可以减少事件对个体心理、生理上的冲击，减少对个体工作生活的影响，增强个体面对危机时的自我调适能力。为了在事前准备阶段做好压力管理，需要从以下几个方面着手。

第一，完善突发事件的组织指挥体系。前已述及，组织机构之间职责不清、分工不明确，指挥混乱、人员角色模糊等因素是应急管理工作中引起工作压力的重要因素。要减少工作压力的产生，首先要完善应急管理工作的组织管理体系和工作机制，明确相关部门、机构的职责，建立标准化的应急响应机制和工作流程，让领导者清晰地了解自己的具体工作和所在部门的角色与职能。

第二，通过模拟演练增强危机应对能力。模拟演练是提高组织和个人危机应对能力的有效的手段，通过磨合应急工作机制和熟悉自身的工作流程，可以有效减少来自工作方面的压力。同时，模拟演练接近真实场景，可以让领导者们身临其境，不仅通过在特定环境中对具体情况作出判断与分析来提高危机应对能力，同时还能增强心理承受能力。

第三，加强组织培训，科学地认识压力。丰富的知识和经验是构成心理承受能力和调节能力的前提基础，只有掌握了基本的心理学知识，了解压力的产生机制及影响，领导者才能在面对危机时，迅速识别压力，并采取恰当的应对措施，提高面对危机时的自我调适能力。组织部门和相关培训机构应将压力管理、情绪管理方面的内容纳入到干部教育培训的课程体系中，还可通过网站、心理讲座、板报、报纸杂志等多种渠道，加强相关知识的普及和宣传。

（二）突发事件发生时的压力管理

突发事件发生时，领导者的压力直接源于突发事件。由于突发事件应对时的任务具有复杂性、多重性、并发性的特点，领导者常常负担巨大，需要在超负荷的状态下，超长时间地工作。同时还要面对诸如组织协调、资源短缺、媒体沟通等压力源。可以说在突发事件发生的时间段里，领导者普遍承受着巨大的工作压力，这种压力会对领导者身心造成极大危害。汶川地震发生后，对基层干部心理健康状况的调查就发现，约有 20% 的基层干部面临着压力困扰，表现出担心、紧张、焦虑、恐惧等负面情绪，并伴有失眠、易怒、坐立不安、心跳加快、感觉迟钝、头痛背痛等异常生理反应，甚至出现敌对行为和人际关系障碍。为此，领导者除了要集中精力处置危机外，还应该关注危机处置时的压力管理。这一阶段压力管理的重点工作应该包括以下几方面。

第一，领导者要树立压力管理意识，主动进行自我觉察，及早识别压力信号。突发事件的发生会使个体不可避免地出现一系列应激反应，这些反应是个体面对突发事件时的正常反应。但如果这些反应持续时间较长，出现脾气暴躁、注意力无法集中、判断力下降、无法做出决策等问题，说明此时的压力已经超出了个体所能承受的范围，就应引起领导者警觉，需要主动进行干预和管理。因此，要求领导者能够正确地认识自身压力，辨识哪些反应是正常的、哪些反应是异常的，及早地进行管理。如果压力过大，自身无法有效调节时，必须寻求专业机构和专业人员的帮助，尽早对不良心理进行干预和疏导，降低心理障碍出现的风险。

第二，组织上要关注压力管理，进行适当干预。研究表明长期超负荷的工作压力是影响心理健康的重要因素，因此，组织上应适时减轻领导者的工作负荷。突发事件发生后，需要解决的问题和面临的矛盾是前所未有的，工作任务往往是平时工作的数倍以上，领导者的全部时间都在应对繁重的工作任务上，很少有休息的时间。如果长时间得不到足够的休息，个体身心极度疲惫，体能下降，会出现晕眩、呼吸困难、胃痛、紧张等生理上的不适，进而加剧焦虑、抑郁、自责、强迫等一系列情绪行为问题，甚至引发工作枯竭现象。因此，突发事件处置时，组织上要做好工作安排，给领导者减负，保证他们获得必要的休息。对于有些感到压力过大的领导者，可适当地调整他们的工作岗位，将他们从高压力岗位调整到低强度的岗位上，给他们提供一个短暂的休整时间，以避免压力的积累与恶化。

第三，通过社会支持，进行压力管理。社会支持有助于个体的心理需求得到满足，起到抵抗压力、缓解紧张情绪的作用。救援过程中，领导者们可以主动向上级汇报情况，多与上级、同事、下属沟通、协调以获得组织的理解、同事的支持与帮助；上级组织对领导们也多一些理解、关怀和帮助，尽可能提供宽松的工作环境。在紧张工作之余，领导们应尽可能争取多与家人、朋友沟通交流，倾诉感受，宣泄情绪，以寻求心理支持，获得强大的心理力量。

第四，利用心理援助机制，开展压力管理。心理援助能够有效地减轻创伤事件的影响，促进个体身心功能的恢复，因此，在开展针对受灾群众的心理干预的同时，还应有针对性地加强对领导者的心理援助工作。但由于突发事件下领导者的压力源与受灾群众的压力源有所不同，则需要在现有心理援助工作框架下探索更加适合危机状态下领导者工作特点的心理干预模式和更为实用的压力管理方法。

（三）突发事件结束后的压力减缓

汶川地震发生后，有研究指出基层干部的心理健康状况在地震一年半后仍低于正常水平，这说明虽然突发事件的应对处置工作结束了，但事件本身对个体心理的影响将是长期的、持久的，对领导者的心理支持工作也是长期需要的。

第一，通过突发事件后的经验分享方式，减缓事后的压力反应。突发事件处置结束后，社会生活正在逐步走向正常，但对于所有参与突发事件的人员来说，无论是在工作层面还是在心理层面都经历了严峻的考验。因此，不论是个体还是团队，都需要对此次工作进行总结与梳理，不仅要总结工作方面的成绩与经验教训，还应关注个体的心理状态。通过团队成员间的经验分享，引导个体去讨论他们面对突发事件时的情绪和反应，说出他们的感受与体会，并与其他成员共同分享。这种经验分享过程不仅能够减轻个体由于超负荷工作造成的身心疲惫与情绪困扰，还能够凝聚团队的士气，使成员感受到组织内部的彼此支持，促进个体调动自身潜能去克服突发事件的长期影响。

第二，建立心理支持的长效工作机制。突发事件发生后，领导者的工作环境、家庭关系、价值观念等都会发生一定的变化，要重新回归到正常的工作和生活中去，他们需要一定的时间去调整，因此，突发事件结束后心理的调适与恢复也是一项长期的工作。汶川地震发生半年后，灾区陆续发生的几起干部自杀事件，就是由于他们的心理问题在危机早期没有得到及时的处理，创伤不断累积，到突发事件结束后仍然没有得到解决而出现的极端结果。因此，心理支持工作将是一项长期的、持续的工作。由于这项工作的专业性和科学性很强，必须依靠专业机构、专业力量才能保证工作实施的效果，因此，未来还需要从组织机构、队伍建设、资金保障等方面制定详细规划，才能保障心理支持工作的长效开展。

第三，提高领导干部处置突发事件的能力。《中共中央关于党的百年奋斗重大成就和历史经验的决议》强调："全党必须清醒认识到，中华民族伟大复兴绝不是轻轻松松、敲锣打鼓就能实现的，前进道路上仍然存在可以预料和难以预料的各种风险挑战。"① 从国际环境看，世界百年未有之大变局加速演变，"黑天鹅""灰犀牛"事件引发国际政治经济秩序动荡，全球极端天气自然灾害成为风险综合体，世界范围连锁联动效应更加明显。从国内环境看，我国经济社会发展环境的复杂性、严峻性、不确定性持续提升，稳增长、稳就业、稳物价面临新的挑战，教育、医疗、就业等社会民生问题持续显现，各类信息层出不穷，社会思潮纷繁复杂，公众诉求多元多变，安全形势发生复杂而深刻的变化。因此，对于各级领导干部来说，增强风险意识，做好随时应对各种风险挑战的准备，切实提高应急处突能力变得十分紧迫。增强领导者应对突发事件的实干本领，不仅是新

---

① 《十八大以来重要文献选编》上，中央文献出版社，2014，第547页。

形势下的迫切要求，也有助于缓解面对突发事件时巨大的工作压力。

第三节　危机领导力的构建

一　领导力的界定及相关理论

（一）定义

领导是一种非常普遍的社会现象，小到团体、组织，大到国家、社会，都有领导现象的存在。对于领导的定义较多，有的认为领导是一种行为，是引导群体活动达到共同目标的行为；有的认为领导是一个过程，是促使他人实现组织目标的过程；有的认为领导是一种影响力，通过对他人施加影响，来实现组织目标的努力。领导力与领导还是有所区别的，领导力突出领导者影响他人或群体实现组织目标的能力，是在领导过程中形成、发展并服务于领导过程的能力的总称，是一种能力体系，是领导的派生概念，领导力的内涵是由领导的内涵决定的。关于领导力的定义很多，美国领导力研究专家詹姆斯和巴里认为，领导力是一种能够激发团队组织成员的热情与想象力，引导团队组织成员全力以赴去完成组织成长目标的能力。① 也有研究者将领导力定义为：是领导者在特定的情境中吸引和影响被领导者与利益相关者并持续实现群体或组织目标的能力。领导力是获得追随者的能力，是带领别人跟自己来的能力。②

（二）领导理论

学者们一般将20世纪80年代中期看作是领导理论研究的分水岭，在此之前主要是“传统领导理论”，如特质理论、行为理论、权变理论等；之后随着经济社会的快速发展，在管理实践中出现了一些新问题，促使研究者们探索一些新的视角去解释领导现象，进入了“新型领导理论”阶段，这一阶段主要有领导—成员交换理论、变革型领导理论、魅力型领导理论等。

---

① 王勇：《变化社会中的行政领导力再造》，《党政干部学刊》2010年第1期。

② 陆园园、吴维库：《领导力核心四要素研究》，《新视野》2013年第2期。

1. 特质理论

领导特质理论源于“伟人”理论，该理论认为，有效领导者应具备一些明确而且容易辨识的特质或特性，而这些特质则是无效领导所不具备的。该理论侧重于比较领导者与被领导者、高层领导者与基层领导者、成功领导者与不成功领导者之间的个体差异，以识别成功的领导者具有什么样的人格特质或者什么特质的人适合做领导者。

2. 行为理论

该理论认为有效的领导行为可以通过后天的塑造和培训习得，行为表现的不同可以将有效的领导和无效的领导区分开来。早期的行为研究区分了专制型领导、民主型领导和放任型领导。领导行为理论强调领导是领导力的来源，领导力的传达靠的是真正的行为，行为可以将有效领导和无效领导区分开来。通过因素分析方法，可以将多种领导行为归纳为员工导向型行为和任务导向型行为两个维度。①

3. 权变理论

20 世纪 60 ~ 70 年代开始，研究者们开始关注情境因素对领导效能的影响。菲德勒（Fiedler）最早提出了包括领导特质和情境变量在内的模型。他认为任何个人的领导风格都只在某种具体的情境中有效，领导力大小不是由领导者特质或领导情境中的某一要素单独决定的，而是在人格与情境互动中产生的，因此增强领导有效性的方法是帮助领导者认识自己的领导风格，并使之与情境相匹配。他将领导分为员工导向型和任务导向型。他研究了这两种类型的领导在八种情景中的效率。之后保罗·荷西和肯·布兰查德（Paul Hersey & Ken Blanchard）的领导生命周期理论、豪斯（House）的路径—目标理论、詹姆斯·伯恩斯（James Burns）的交易型领导理论等，都延续了菲德勒权变理论的基本观点，即领导方式的选择应根据情境发生权变。

4. 变革型领导理论

在 20 世纪 70 年代末，随着世界经济快速发展，科学技术日新月异，社会环境日益信息化与多元化，这些变化也给社会带来了更多的不确定性，使领导者面临着严峻的挑战和考验，在此背景下，诞生了变革型领导理论。变革型领导是指通过让下属意识到所承担任务的重要意义，激发他们的高层次

① 李明、毛军权：《领导力研究的理论评述》，《上海行政学院学报》2015 年第 6 期。

需要，建立互相信任的氛围，促使下属为了组织利益牺牲自己的利益，从而达到超出预期的目标。变革型领导是一个领导者向员工灌输思想和道德价值观，并激励员工的过程。在这一过程中，领导者除了引导下属完成各项工作外，还会以自己的个人魅力，通过对下属的激励和关怀去改变他们的工作态度、信念和价值观，使他们为了组织的利益更加投入到工作中。①它包含领导者魅力、感召力、智力激发、个性化关怀四个维度。

（三）领导力的核心要素

领导力要素的研究主要源于不同的领导理论。基于领导力研究的不同角度，有的学者认为领导力应包含才智、自信、决策力、正直和社交能力。也有的研究者认为，领导力应包含群体影响力、指挥行动、冷静、判断力、专注和责任心。根据学者们的研究共识，领导力包括个人领导力、团队领导力和组织领导力 3 个层面。个人领导力指领导者对追随者的影响力。团队领导力是通过团队工作、团队学习这样一些过程形成的一种集体能力。组织领导力是系统整体所拥有的能力，也是一种集体能力，涉及组织系统内的个体、团队、情境等因素的相互作用，从而产生有效的动力机制促进各利益相关者共同参与完成领导任务。个人领导力的构成要素有前瞻力、感召力、影响力、决断力和控制力。②

二　危机领导力

21 世纪以来，各类突发事件频繁发生，如何成功地应对危机，化危为机，是领导者必须要面对的挑战，领导者的行为在很大程度上决定了一个组织的危机管理效果，尤其在发现重大问题、制定有效决策、组织动员方面发挥着重要作用，因此，危机的有效治理离不开强大的危机领导力，它也是应急管理的关键力量之一。

（一）重视危机领导力的重要意义

1. “风险社会”的领导力诉求

2018 年底，习近平总书记在发表 2019 年新年贺词时再次指出：“放眼

① 李明、毛军权：《领导力研究的理论评述》，《上海行政学院学报》2015 年第 6 期。

② 石梦菊：《领导力构成要素初探》，《北方经济》2011 年第 6 期。

全球，我们正面临百年未有之大变局。"[①] 从国际看，世界经济重心正在加速转移，国际政治格局发生重大改变，传统安全和非传统安全问题相互交织，全球治理体系面临前所未有的严峻挑战。从国内看，我国改革处于攻坚期和深水期，社会转型进入关键期，这些都导致整个社会系统的结构性变迁，使得社会安全态势进入高风险期，不同类型矛盾和不同层次矛盾交织叠加，影响社会稳定。各类突发事件和危机风险已不再是政府、组织面临的偶然例外事件，而成为社会运行过程中的常态事件，这就说明各级领导干部面临突发事件的概率会越来越高，应对的难度也会越来越大，因此，对领导者危机处置的能力和素质要求也更高。如何防范化解各种风险，妥善应对各类突发事件，提升社会治理能力，是摆在各级领导干部面前的考题。

2. 国家治理现代化的必然要求

党的十八届三中全会通过的《中共中央关于全面深化改革若干重大问题的决定》提出了："坚持把完善和发展中国特色社会主义制度，推进国家治理体系和治理能力现代化作为全面深化改革的总目标。"这是社会管理向国家治理现代化的重大转变。这一转变是党和国家主动应对发展过程中产生的矛盾问题和国家治理面临的巨大挑战下的体制机制的改革与深化。在国家治理现代化过程中，党和各级政府发挥着宏观领导和统筹协调的作用，而各级领导干部则是推进治理体系建设的关键力量，突发事件更是考验着国家的治理体系和治理能力。领导干部是党和国家各项工作的组织者、实施者和承担者，在突发事件中，也是化解危机的中枢和关键力量。领导者应对突发事件的能力素质更是体现了党和政府的治理水平、领导力、执行力和动员力。因此，领导干部应急管理能力与应急管理体系和能力现代化密切相关，只有领导干部应急管理能力提升了，才会推进应急管理体系和能力的现代化。

3. 新时代领导者的能力要求

习近平总书记指出要"防范化解重大风险"[②]。当前和今后一个时期，我国面临的重大风险，既包括国内的政治、经济、意识形态、社会风险以及来自自然界的风险，也包括国际政治、经济、军事风险等。在党的十九

---

① 《国家主席习近平发表二〇一九年新年贺词》，中国政协网，http://www.cppcc.gov.cn/zxww/2019/01/02/ARTI1546389110062123.shtml。

② 《习近平著作选读》第2卷，人民出版社，2023，第248页。

大报告中，习近平总书记明确提出了当前领导干部迫切需要提高的“八种本领”，其中就包括“驾驭风险本领”[①]。增强驾驭风险本领是新时代全面增强执政本领的重要内容，而提升危机治理能力，妥善应对改革发展中出现的新问题、新矛盾又是增强党员干部驾驭风险本领的核心。因此，提升领导干部的危险管控和危机治理能力必然成为领导干部“本领高强”的基本要求。

（二）危机领导力定义及特点

从领导学的角度，危机领导力隶属于领导力范畴，但由于危机属于“非常态”的小概率偶发事件，从管理过程来看，危机领导力又有别于常态的领导力。由于危机领导力涉及领导学、组织学、政治学、传播学和行为学等多学科领域，学者们对其内涵的界定也不完全一致。有学者认为危机领导力是领导者在危机情境下辨认并推出的一系列核心策略集，使组织能够更好地面对危机、度过危机、从危机中恢复至正常状态的一种能力。有学者认为，危机领导力是领导者针对潜在的或已经发生的危机，借助一定的体制和机制，根据现有条件，因势利导调动各方面力量和资源，采取一系列控制和处理手段，有效预防、处理和消除危机的能力。[②] 有学者从企业危机管理角度，认为危机领导力是企业领导者对危机事件能够准确预见，通过对危机事件的全面深入的识别和了解，提高企业的危机反应能力，从而促进企业尽快恢复；通过对危机事件的反思提高企业的危机学习能力，最终使企业对危机有更强的免疫力的能力。[③] 有学者认为危机领导力是在领导价值的引领下，领导者通过有效的风险决策，整合调动组织内外资源、动员带领群众化解危机的具体过程及其现实能力。[④] 尽管上述表述有所不同，但这些界定都认为危机领导力的核心不只是减轻危机带来的短期影响，不只是危机处置的能力，而是要从长期性和战略性的高度实现组织在危机中的生存和进一步发展，因此，危机领导力还应包含预防、监测、救援、恢复和学习等多个环节的能力。为此，有学者指出，危机领导

① 习近平：《决胜全面建成小康社会　夺取新时代中国特色社会主义伟大胜利——在中国共产党第十九次全国代表大会上的报告》，人民出版社，2017，第69页。

② 本刊编辑部：《防风险化危机是领导干部必备的能力》，《中国领导科学》2019年第3期。

③ 刘崇瑞：《危机领导力：内涵、要素和模型》，《中国商贸》2010年第11期。

④ 胡宗仁：《危机领导力：概念界定与要素分析》，《江苏行政学院学报》2023年第1期。

力既是危机领导过程与领导能力的组合，也是危机阶段性能力与危机全程性能力的整合。[①]

危机领导力具有以下几方面特点。①特殊的领导情境。常态领导力主要作用于“常态领导情境”，这一情境具有日常性、稳定性和可预测性等特征，虽然也有创新和变革的要求，但总体上管理是可控的、结果是可预知的。然而，危机情境是一种“非常态情境”，它具有很强的突发性、不确定性和破坏性，领导者难以预判可能发生的危机，也难以对危机的成因、危机的走势进行相对准确的研判，这对领导者的决策和管理行为造成了极大挑战。②面临的非常态问题。常态领导力面对和需要解决的问题主要是如何进一步完善和发展组织，这是一个循序渐进的、非急迫性问题，领导者可以通过程序化决策加以改进和调整。而危机领导力面对的问题是非常态问题，涉及广大公众的切身利益和社会秩序的维护，问题性质严重且十分急迫，处理不好有可能会危及组织的生存乃至国家的稳定。③有限理性的领导决策。一般来说，日常的领导决策常常采用的是科学化、程序化的方式，而危机决策则是在有限的时间内，在信息和资源不充分的条件下，非程序化的快速决策，它是一种有限理性的决策。④高度复杂的领导能力。突发事件是由不同阶段构成的生命周期，不同阶段的管理任务是不同的，这就要求不同阶段的领导力要素也是有所区别的，即有适用于整个危机管理工作的通用要素，如决策力、沟通力、协调力等，也有针对某一阶段的特殊要素，如在预防与准备阶段的预防力与准备力。

（三）模型建构

对于领导者的能力素质研究，有的研究倾向于分析危机领导者的个人特质，如领导者的正直、智慧、魅力、远见、沟通、自信、果断、同理心、影响力、说服力、管理情绪、自我意识、团队合作、人际关系协调、参与决策和有效的判断力和分析能力、承担责任的意愿和强有力的委派能力等特质能够帮助组织更好地预防和度过危机。有学者以汶川地震为例，指出了危机领导力的十个特点：迅速决策、亲临现场、以人为本、目标清晰、共担风险、果敢坚毅、动容有度、社会动员、信息公开、转危为机。[②]

---

① 胡宗仁：《危机领导力：概念界定与要素分析》，《江苏行政学院学报》2023 年第 1 期。

② 郑金洲：《汶川地震中的危机领导力》，《中国浦东干部学院学报》2008 年第 7 期。

也有学者认为领导干部应对突发事件最需要四种能力：敏锐判断、快速应变能力；综合协调，驾驭全局能力；人际沟通，执行政策能力；处变不惊，科学应急能力。[①] 从行为角度，有研究者认为危机领导力包括决策、沟通、创造组织能力、维持有效的组织文化、管理多个部门和发展人力资本等。[②] 有的学者认为危机领导力包含预见力、洞察力、决断力、感召力、控制协同力和创新力六大能力。有的学者认为危机领导力主要由敏感力、防御力、管控力、学习力和技术力构成。[③] 郑晓明等基于中国机长刘传健的案例，提出危机领导力即预警力、担当力、信念力、驾驭力、凝聚力、成长力的六力模型。詹姆斯和伍滕（James & Wooten）提出了危机领导力的六要素模型：建立信任的基础、创建新的组织心智模式、辨认明显（不太明显）的组织薄弱点、决策明智迅速、采取果敢行动、危机学习以促进变革。[④] 也有的学者认为危机领导力包括五个要素：危机预见、危机识别、危机反应、危机恢复、危机学习。

除了从危机领导力通用能力角度出发，过程视角是从危机管理全流程出发，探索从危机潜伏期到危机爆发期再到危机恢复期的各阶段所需的领导能力。按照应急管理预防与准备、监测与预警、处置与救援、恢复与重建四个阶段，与之对应的危机领导力构成要素，也应主要包含预防洞察力、预案制订力、预警识别力、危机决策力、协同控制力、资源配置力、危机感召力、信息沟通力、心理承受力、危机恢复力、危机学习力等。[⑤] 有学者提出，危机初期主要是领导者的危机认知力，包括危机感知力、危机前瞻力；危机中期主要是领导者的危机应变力，包括危机决策力、资源配置力、高效沟通力；危机后期主要是领导者的危机重塑力，包括危机复原力、危机学习力。有研究者提出了危机管理领导力模型包含五个方面的能力族：一是危机信号检测能力族，包括感知能力和观点采择能力；二是危机预防和准备能力族，包括观点销售能力、组织灵活性能力和创造能

① 谢晓峰：《精准提升新时代领导干部应对突发事件的能力》，《领导科学论坛》2019 年第 5 期。

② 郑晓明、郭一蓉、刘争光：《危机领导力的理论模型构建：基于中国机长刘传健案例的质性研究》，《管理学报》2021 年第 1 期。

③ 郑一晴：《领导者的危机领导力及其强化策略》，《领导科学》2020 年第 8 期。

④ 李荣华、贾迎亚、胡君辰：《基于行为视角的危机领导力模型建构与有效性检验》，《复旦学报》（社会科学版）2022 年第 2 期。

⑤ 本刊编辑部：《防风险化危机是领导干部必备的能力》，《中国领导科学》2019 年第 3 期。

力；三是危机损害控制和遏制能力族，包括决策能力、有效沟通交流能力、冒险能力；四是业务恢复能力族，包括促进组织弹性能力、诚信正直采取行动能力；五是学习和思考能力族，包括良好的学习导向、批判性思考能力。①

有学者将领导者需具备的基本能力与危机的过程管理相结合，提出来危机领导力体系，即领导者的公共危机管理能力不仅包括危机前的预警识别力；危机中由迅速决策力、资源配置力和信息沟通力构成的快速反应力；危机后的学习反思力；还包括对各种信息的搜集、分析、甄别、把握能力以及良好的心理素质这两种基本能力。② 有研究者提炼出了应对突发事件所需的八种能力：逻辑思维和反应鉴别能力，决策能力，指挥能力，执行能力，沟通能力，协调和指导督察能力，依法行政能力，学习和总结能力。对应应急管理的四个阶段，八项能力都是必需的，但就某一阶段的特定任务来说，各项能力的权重是不同的，如在预防与准备阶段，所需能力依次是总结和学习能力、逻辑思维和反应鉴别能力、决策能力、依法行政能力。监测和预警阶段所需能力依次是，逻辑思维和反应鉴别能力、沟通能力、指挥能力。③ 有研究者基于胜任力模型，提出突发事件领导者应急治理的能力素质分为两个维度：一是表层维度，包括应急治理基本知识和涉及紧急决策能力的信息沟通能力、统筹协调能力等表层的基准性素质；二是潜层维度，包括治理理念、政治站位和行政动机等潜在的鉴别性素质。④

总之，风险社会下突发事件愈加频发、复杂，高效的危机治理也离不开危机领导力的提升，它的重要性日益受到广泛关注。国内对危机领导力的研究取得了一定进展，但目前对于危机领导力的理论及模型研究还存在分歧，实证研究还不充分，未来还需要进一步借助多学科的理论和研究方法，依托大量的现实案例，深入研究危机领导力与一般领导力的本质区别、独特的能力要素以及这些要素之间的层次结构关系，在应急管理不同

---

① 陈小平、肖鸣政：《危机管理领导力模型与开发对策》，《领导科学》2011 年第 11 期。

② 朱瑞博：《危机生命周期与危机领导力提升》，《领导科学》2009 年第 6 期。

③ 方铭勇、王效昭、陆柏：《领导干部应急管理能力素质模型研究》，《中国人力资源开发》2012 年第 1 期。

④ 陈佳：《基于胜任力模型的地方党政领导干部突发事件应急治理素质研究》，《领导科学论坛》2022 年第 1 期。

阶段的权重，等等。

三　危机领导力的培育

总体上看，危机领导力是一种综合素质和综合能力的体现，主要由价值观、危急治理能力和危机治理知识三部分组成，危机领导力的培育也应从这三方面着力。

（一）价值观层面

1. 强化忧患意识和底线思维

党的十九大报告指出："统筹发展和安全，增强忧患意识，做到居安思危，是我们党治国理政的一个重大原则。"[①] 这也是新时代对领导干部的基本要求。当下我们正处于一个快速变化的"风险时代"，任何危机风险都有可能发生，也都存在一些先兆。只有增强风险意识，常观大势、常思大局，及早预见形势发展态势和隐藏其背后的风险挑战，才能做到未雨绸缪，主动掌握防范化解重大风险的主动权。意识是行动的先导，人们常说"思则有备，有备则无患"，只有保持对突发事件的敏感性和警惕性，及早发现潜在的问题和矛盾，才有可能采取积极主动的作为，尽量将问题解决在萌芽之中，从而降低突发事件发生的可能性，提高防范化解突发事件的能力和水平。当前，各级领导干部中仍然不同程度地存在安全发展理念树立不牢、重发展轻安全、重处置轻预防等问题。面对艰巨繁重的改革发展稳定任务，要强化风险意识，统筹国内国际两个大局、发展安全两件大事，完善风险防控机制，切实做好防范化解重大风险各项工作。

2. 坚持人民至上的国家安全观

习近平总书记曾指出："人民立场是中国共产党的根本政治立场，是马克思主义政党区别于其他政党的显著标志。"[②] 中国共产党是中国人民利益的忠实代表，除了人民的利益，没有自己的任何特殊利益。总体国家安全观的根本实践价值就是以人民为中心，以人民的安全利益为根本利益。要维护国家安全，首要的出发点就是维护广大人民的安全利益，将人民的生命人身安全放在至高无上的地位，使人民的切身利益免受各种外来风险

---

① 《习近平谈治国理政》第 3 卷，外文出版社，2020，第 19 页。

② 《习近平谈治国理政》第 2 卷，外文出版社，2017，第 40 页。

的侵扰。各级领导干部只有把维护人民群众的根本利益作为应急管理工作的首要价值目标时，才能尽最大可能地防范和减少突发事件造成的危害和影响。坚持人民至上，还需要满足人民日益增长的安全需要，要给民众提供持续高质量发展的安全保障，这就要求各级政府不断加强各领域安全风险的防控，全面筑牢安全防线，为经济社会发展提供更加坚实的安全保障，这不仅仅是应急管理工作的根本遵循，亦是新时代党的治理能力和执政能力的具体体现。

3. 强化战略思维，树立全局观念

党的十八大以来，党中央反复强调领导干部要树立战略思维能力，战略思维是从全局和长远上把握事物发展总体趋势和方向，客观辩证地思考和处理问题的科学思维。应急管理是国家治理过程中的末端，是国家治理过程中出现的问题与矛盾的集中爆发。战略思维就要求领导干部从国家治理、总体国家安全观及公共安全体系的角度来把握应急管理。马克思主义哲学中关于“整体与部分”关系的论述中，指出整体和部分是有机联系、相互作用的，只有既着眼部分又把握整体，协调好二者的关系，才能实现整体的最优发展。领导干部只有站在战略的高度，来分析应急治理各环节各阶段中出现的问题，把各种应急管理中遇到的可能性都考虑在内，对国家应急管理领域进行全局掌控，才能在突发事件发生时从容应对。为此，领导干部应把解决具体问题与解决深层次问题结合起来，把局部利益与全局利益结合起来，把眼前需要与长远布局结合起来。在具体的应急管理实践中，诸如应急准备、预案制定、决策指挥、应急保障等都应从提升国家治理水平的高度入手，将国家治理的要求与理念落实在具体的应急管理过程中。

4. 勇于担当，增强责任意识

勇于担当是领导者主动承担并负起责任，是领导者团结带领下属凝心聚力、开创事业必备的基本条件。领导者是否具有担当精神直接关系到目标能否实现和事业的成败。当前，国际国内形势风云变幻，各方面的风险挑战有增无减，要有效防控风险、应对重大突发事件，就需要领导者有直面风险挑战的勇气和魄力。突发事件的应对难度、处置风险以及工作强度都远远高于日常工作，还可能面临决策失误、应对不当、舆论质疑等多方面的危机，这就要求领导干部有超强的政治担当，以人民利益为重，不逃避、不退缩、迎难而上，敢于斗争、勇于斗争。同时，领导者还应不断适应新形势新任务的要求，保持政治定力，增强防范风险的能力，在处置急难险重任务中增长胆识和才干。

（二）危机治理能力层面

1. 提高风险防范化解能力

能否防范化解重大风险、有效应对突发事件，构建和谐稳定的社会环境，增强人民群众的安全感，是评判一个国家制度优劣和治理效能高低的重要标准，也是检验领导干部责任担当和治理能力的试金石。风险防范化解包括风险评估、预案管理、监测预警、应急决策、现场指挥、综合协调、舆论引导等一套突发事件应对的流程，其中，风险防范、应急决策和统筹协调能力也是危机领导力的重要体现。风险防范能力是应急管理能力现代化的重要基础性工作，预防胜于应对，应急治理越来越重视事前的风险防控，因此，提升领导者风险防范能力是提升危机领导力的重要途径。领导者首先要牢固树立风险防控意识，防患于未然，在制度设计、机制建设、人员队伍建设、物资保障、演练培训等方面有提早的安排和长期的准备，把各种隐患问题尽可能消解在成灾之前，以降低突发事件的发生率；即便是突发事件发生了，也能够掌握控制权和主动权，从容应对，将危害降到最低。应急决策是评判危机领导力的重要方面。管理学家西蒙指出："决策贯穿于管理的全过程"，领导者最主要的职能就是科学决策。突发事件的发生往往出人意料，决策时间紧迫、决策信息和决策条件有限，绝大多数时候都是非程序化决策、有限理性的决策，而应急状态下的决策优劣会直接影响突发事件应急处置效果的好坏，因此，领导者要提高科学决策能力，保持冷静的头脑，尽快收集事实信息，抓住关键问题，查明原因，迅速采取措施，防止事态的扩大。同时，还要根据事件发展态势不断调整措施，因情施策，决策也要有适度的超前性。领导者应有效利用各种先进的决策技术和决策方法，利用专家参谋等辅助咨询力量，帮助做出最优的决策。突发事件应急处置是一项复杂动态的工作，需要多元力量、多方资源的协调治理，这就要求领导者提升统筹协调能力。应急处置中的多元主体涉及党委、政府、公安消防、企事业单位、社会组织、普通公众等，如何在应急政策制定和应急处置中做好多元主体的衔接与协同，在最短时间内统筹协调人、财、物、信息等各种资源，都是危机领导者需要考虑的现实问题。

2. 提供管理实践机会

突发事件的应对能力只有在大量实践中才能得到真正的锻炼和提高，领导者只有经过长期的实践磨炼才能丰富应急管理经验，促进危机领导力的提升，同时也有利于应急管理的创新发展。组织部门可以通过多种人事交流的制度安排，有计划地派出领导干部到基层一线履职，积极参与突发事件的处置，在实践中积累应急管理经验，提高组织指挥、统筹协调和现场处置能力。事后要及时进行总结反思，不仅要总结成功经验，还要分析经验教训，推动应急管理实践的创新。日常的行政事务管理中难免也会出现一些突发情况或矛盾冲突，领导者在对这些事情的处理过程中也会积累很多经验和做法，这些宝贵的经验自然会迁移到突发事件的应对处置中，因此，领导者也要重视日常行政管理经验的积累，多从日常工作中总结、提炼和探索，这对于提升应急管理能力也很有帮助。此外，深入基层多开展调查研究也是增加实践经验的有效途径。基层调研不仅能提升领导者对突发事件的敏感性，也有利于近距离了解基层实践，掌握第一手资料，增加更多感性认识，在走访调研中提升意识和能力。

3. 注重开展调查研究

调查研究一直以来都是我们党攻坚克难的“传家宝”，是发现问题和解决问题的“金钥匙”。当前，我国改革发展面临不少深层次矛盾，各种风险挑战比以往更加严峻复杂，只有深入基层对实际情况进行充分的调查了解和分析研究，才能把握事物的本质和规律，找到破解难题的方法和路径。因此，没有调查就没有决策权，调查研究是解决矛盾和问题、进行科学决策的重要依据。领导者要提高对突发事件的应对处置能力，无论是在突发事件的预防与应急准备阶段、监测与预警阶段，还是在应急处置与救援、事后恢复与重建阶段都离不开调查研究，只有深入基层，及时、全面、准确地掌握第一手资料，听取基层干部与群众反映问题，才能发现工作中存在的差距和不足，防患于未然，精准施策，真正提升应急管理工作的有效性。开展调查研究，应以问题导向来引领调研方向，把握调研主动权，在组织开展调查研究工作前，先做好准备工作，提前搜集问题，并对问题进行梳理汇总，明确迫切需要解决的主要问题是什么，需要到什么地方、什么单位、采取什么样的调研方式等，发挥调查研究的真正作用。

（三）危机治理知识层面

1. 加强理论学习

习近平总书记在党的十九大报告中强调：领导干部要增强学习本领、政治领导本领、改革创新本领等“八种本领”①，其中将增强学习本领放在第一位，这就说明学习对于领导者素质的重要性。领导者只有善于学习，才能正确认识新时代所面临的新情况，才能从纷繁复杂的事物中把握规律，提高战略思维和底线思维能力。领导者要提高把握全局能力，首先要深入学习马克思主义基本理论和新时代中国特色社会主义思想，掌握其中的世界观和方法论。还要全面系统地学习习近平总书记关于坚持总体国家安全观、推进应急管理体系和能力现代化等重要论述，以及党和国家对于应急管理工作的政策和要求，提升对应急管理工作的认识高度，牢固树立安全发展、人民至上的理念。要提高对突发事件普遍性规律的认识，熟悉应急管理有关法律法规、应急预案、工作流程等，掌握突发事件应对的基本知识。

2. 加强应急培训

干部教育培训是提升领导干部应急管理能力的重要途径，也是建设高素质专业化干部队伍的基础性和战略性工作，而干部教育培训专业化精准化的程度直接影响着干部队伍的专业化水平。各级组织应依托党校、行政学院将应急管理纳入各级领导干部和公务员的培训体系中，重点在于理论知识的学习和实践能力的提升。在培训内容方面，重点是在预防与应急准备、监测与预警、应急处置与救援、事后恢复与重建、法律责任等方面，还可根据各自地区的形势任务调整重点。在培训形式方面，除了理论授课外，还要提升实践学习的重要性，增加案例分析、学员论坛、情景模拟、专题调研、现场教学、实地考察等形式。为进一步提升培训的针对性和实效性，可根据领导者的级别和类别，分级分类开展培训。如基层领导干部要增强风险意识，重点提高突发事件的预防、准备、预警和先期处置能力；职能部门的领导干部要增强安全意识，提高指挥决策和统筹协调能力。当然，也应根据当地突发事件的类型和特点，因地制宜地开展“本地化”的培训。

---

① 参见习近平《决胜全面建成小康社会　夺取新时代中国特色社会主义伟大胜利——在中国共产党第十九次全国代表大会上的报告》，人民出版社，2017，第68页。

第五章　突发事件下的社会心理

第一节　突发事件对社会心理的影响

重大突发事件不仅导致巨大生命伤亡和经济财产损失，还会对全社会产生深刻长期影响，给全社会带来普遍的恐慌焦虑和不安心理，进一步影响社会大众的风险评判、行为决策、政府信任、群体行为等诸多社会心理行为，因此，突发公共事件的有效应对不仅要依靠完善的突发事件应急体系，还要高度重视弥散在全社会的社会心理状态。社会心理不同于个体或某一群体的心理状态，它是特定时期社会公众对社会现实的普遍感受，尤其是关于切身利益、需求满足程度的直接体验。由于社会心理具有明显的情感特征，其正面或负面的情绪体验会对人们的社会行为具有较强的诱导作用，是引发社会失序的重要心理基础，因此，重大突发公共事件发生后，及时把握公众的社会心理状态有助于管理者准确地了解公众的心理需求和社会情绪及行为的变化走向，不仅为应急管理决策的针对性和有效性提升提供依据，也是减轻突发公共事件的消极影响、提高应急管理效能和维护社会稳定的重要途径。

一　社会心理的内涵

社会心理是一种复杂的社会现象，俄国哲学家普列汉诺夫认为，它是人们日常的精神状况和道德状况，是没有经过理论加工和系统概括的日常的意识，是一定时期特定的民族、阶级、阶层或社会集团中普遍流行的精神状态。[①] 社会心理是人们在认识和改造世界的实践过程中，对客观外部

① 肖铁岩、刘有斌：《移动互联时代重大疫情应对中社会心理调适困境与对策研究》，《思想教育研究》2020 年第 4 期。

世界的反映，同时又反作用于社会存在，是社会意识的一种形式。社会心理是人们在社会生活中自发的、无意识形成的整体共识和共同的心理活动及发展趋势，是社会存在中的个体意识和思维状态渐趋同质化的体现，主要表现为感觉、情绪、动机、风俗习惯、道德风尚和审美情趣等，而情感、情绪、动机和愿望是不稳定的，具有较强的易变性。由于社会心理是一段特定时期内弥漫在社会及其群体中的整个社会心理状态，具有集群性、时代性、复杂性等特点。同时，社会心理又会反过来影响民众的个体心理，对其产生导向、扭转、推进等作用。重大突发事件发生后，社会心理容易出现失序、失调现象，这不仅会影响应对处置工作的有效进行，还会危及国家和社会的安全稳定。因此，社会心理的科学有效调适在应急管理的全过程中都至关重要。

二　关注社会心理的重要意义

（一）适应新时代社会发展的必然要求

党的十九大报告明确指出："新时代我国社会主要矛盾是人民日益增长的美好生活需要和不平衡不充分的发展之间的矛盾。"① 当前当人们的基本生存需要得到满足之后，人们对美好生活的需要日益增长，不仅对物质文化生活提出了更高的要求，在安全、环境、权力、法治、公平、正义等多方面的要求也日益广泛。而社会心理能够反映出一定时期内弥散在整个社会或某些社会群体中的宏观的、普遍的、动态的心理行为态势，是公众在与社会互动过程中形成的宏观心理关系，它能够折射出公众的社会需要、对社会现状的态度和情绪，以及社会行动意向等多方面内容。因此，重视公众的社会心理能够把握特定时期个体及群体的现实心理诉求和社会情绪，是开展社会心理预测、预警和引导的重要前提。当下公众的需求呈现多元化、高标准化和群体差异化等复杂特点，这就要求有关管理部门和决策者必须从心理根源着手，深入认识、掌握公众的深层次心理需要，这样才能从根本上维护好民众的根本利益，更好地预防和化解社会矛盾，提升应急管理效能。

---

① 《十九大以来重要文献选编》上，中央文献出版社，2019，第 14 页。

（二）维护社会稳定的必然要求

由于突发事件的破坏性强，直接会冲击到公众的切身利益，不仅威胁生命健康，还会造成经济财产损失、生态环境恶化和生存状态的改变，这些影响都与公众的基本需求密切相关。同时，突发事件的破坏范围广泛，不同区域的公众受到的影响各不相同，切身需求也表现出极大的差异性和复杂性，这些消极后果势必诱发特定地区产生新的社会矛盾和社会问题，对当地的社会稳定产生影响。因此，应急管理工作不仅要快速控制住事态的发展，最大限度地保障公众的生命财产安全，减轻社会危害，还要深层次防范和化解社会问题的产生，维护社会和谐。而社会心理不仅能够反映出一定时期社会公众普遍的心理特点，也能够反映出暂时性的社会心理状况，因此，从心理学视角关注社会心态是预防和消解社会矛盾的重要途径。

（三）顺应精细化社会治理的必然需要

党的十八届五中全会指出："加强和创新社会治理。建设平安中国，完善党委领导、政府主导、社会协同、公众参与、法治保障的社会治理体制，推进社会治理精细化。"① 精细化社会治理的本质，就是体现以人民为中心，自觉关注和维护公众的基本利益，以公众的需求为工作的出发点和落脚点。要实施精细化治理，就需要采取更加专业的、更加关注细节和人性化的治理手段。应急管理工作作为社会治理的重要组成部分，以人为本更是开展工作必须遵循的首要原则，而突发事件的高度复杂性也需要借助深入细致的基层工作来预防和消解可能诱发的社会矛盾，从社会心理的视角深层次了解民众的根本需要、社会态度和政府满意度等，为应急管理及社会治理的精准决策提供科学支撑。

三　突发事件中的社会心理表现

一般来讲，突发事件的严重冲击会使民众产生积极的和消极的社会心理，尤以消极的社会心理为主。积极的社会心理是指社会公众对于突发事件的预防、应对和恢复具有适度的社会情绪唤醒，能够积极应对的社会心

---

① 《十八大以来重要文献选编》中，中央文献出版社，2016，第819页。

理状态，有利于灾难的有效应对。而消极的社会心理一般则是指社会公众对于突发事件的预防和应对社会情绪过度唤醒、过度的紧张焦虑，从而造成认知判断能力下降，出现许多非理性的应对行为，这会抑制应急能力的正常发挥。从宏观上看，社会心理主要包含认知、情绪和行为三个维度，在突发公共事件中，公众的社会心理主要表现为风险感知、公众安全感、社会情绪和风险应对行为四个方面。

（一）风险感知

风险感知的概念源于社会心理学，之后被逐步引入风险管理和传播学领域。学者们对于风险感知的定义目前还未统一，布鲁尔（Brewer）等认为风险感知是人们对可能发生的伤害的预判；罗赫曼（Rohrmann）认为风险感知是人们对正在发生的或可能面临的危害的判断和评估；康宁汉姆（Cunningham）提出风险感知可以分解成两个因素，即承受风险的程度和结果的损失程度。[①] 国内外研究普遍认为，风险感知是人们对特定风险的特点和严重性作出的主观判断，涵盖了人们对风险的感知、理解、记忆、评价、反应的整个认知过程，进而影响公众的恐慌情绪和风险决策行为。风险感知及其诱发的应对行为，对社会、政治以及经济造成的影响可能会远远超越灾难本身。

以斯洛维奇（Slovic）等人为代表的心理测量范式认为人们对风险事件的感知是主观建构的，公众对风险事件的感知主要基于风险事件的两个质性维度，一是“忧虑性”维度，主要指风险的不可控程度、令人恐惧的结果、潜在的悲惨结局、感知到的不公平以及恶劣影响是否会扩大等因素；二是“未知性”维度，主要指风险的无法观测性、科学上无法解释、灾难后果的延迟性和事件的新奇性等。[②] 人们会根据不同的维度来感知风险事件，因而不同个体会产生风险感知的差异问题。风险的文化理论认为，影响人们风险感知的最重要因素不是个体的认知过程（如健康威胁感知、失去控制感等），而是个体所处的文化制度和社会价值观，即文化偏差决定了人们的风险感知差异。风险社会放大理论则进一步指出心理、社

① 转引自王丹丹、张爱华、冯先琼《重大突发事件下公众风险感知、情绪、行为的研究进展》，《护理研究》2022 年第 10 期。

② 转引自李凯、郭永玉、杨沈龙《民众对于恐怖袭击的风险感知》，《心理科学进展》2017 年第 2 期。

会、文化和政治等因素之间的相互作用会增强或减弱公众的风险感知度和相关的风险行为，如技术评估专家、风险管理机构、大众媒体、社会团体中的舆论领袖、群体因素等都有可能影响到公众的风险感知程度。当公众的风险感知偏低，就会表现为疏于防范；当公众的风险感知较高，就会表现为过于紧张和非理性应对行为。认知模型则认为，人们的行为间接地受到一系列复杂因素和行为意图的预测，预测行为意图的因素包括态度、对规范的主观认知、行为控制感等，这些因素又受到个体关于自我、社会和突发事件本身的信念系统的认知评估预测。对突发事件的态度是由行为信念和结果评估决定的；行为信念和结果评估包括对突发事件的个人预期、事件发生的概率、预期的价值取向。①

风险感知与情绪是相互影响的，当个体感受到风险的威胁时，会产生相应的焦虑情绪，这一情绪就会导致人们产生更高的风险感知。恐惧会使人们夸大风险，而乐观情绪会降低公众的风险感知水平。高水平的风险感知可能会诱导个体产生恐惧或忧虑等情绪。情绪可通过影响公众对事件的关注程度，激发公众对事件的感知，即情绪刺激程度越高，公众对事件关注度越高。风险感知与行为也是相互影响的，当公众对风险相关知识了解有限、权威信息不充分、风险控制感不高时等，会出现传播谣言、哄抢物品等非理性行为，这些行为又会导致风险进一步被放大。现有研究发现，个体的性别、个性特征、经验知识背景、风险倾向、突发事件类型及进展、风险信息乃至文化氛围等因素都会对个人的风险认知产生影响。

公众风险感知水平是动态变化的、多层次的。突发事件发生后，公众往往会根据事件可控性、事件的经济社会影响、事件发生在自身的可能性以及对自身工作生活的影响等来评估风险。随着公众对突发事件的深入了解，公众的风险感知水平会逐渐发生演变。当公众发现突发事件并非那么严重或不可控时，风险感知水平则降低；而当公众意识到突发事件具有严重威胁和危害时，风险感知水平则提高。此外，随着突发事件的发展变化，公众风险感知水平同样也会发生演变。如果突发事件处置不当，事态恶化，公众的风险感知水平会上升；如果突发事件得到有效处置，事态逐渐好转，公众的风险感知水平则下降。由于公众在知识阅历、所处环境等方面存在差异，面对同一突发事件也会产生不同程度的风险感知。即便是

---

① 钱海婷：《突发事件中公众风险认知的理论模型述评》，《情报杂志》2015 年第 5 期。

面对同一起突发事件，不同公众在某一时段的风险感知水平亦存在动态演变。此外，在以互联网为主导的全媒体信息时代，公众的信息需求、信息渠道和信息内容呈现多元化和复杂化的特点，公众的风险感知也是一个搜集、选择、理解危机信息并做出反应的过程。公众的风险感知演变愈加复杂，成为影响政府有效开展突发事件应急管理的重要因素之一。

（二）公众安全感

突发事件发生后，带给社会公众最大的心理威胁就是公众安全感的丧失。公众安全感的概念源于安全感，它最早出现在弗洛伊德的精神分析理论中。人本主义心理学家马斯洛的需要层次理论指出，当人们的生理需要得到满足之后，会出现安全的需要。马斯洛认为安全感是决定心理健康的最重要的因素，是指“一种从恐惧和焦虑中脱离出来的信心、安全和自由的感觉，特别是满足一个人现在（和将来）各种需要的感觉”。也有学者认为，安全感是对可能出现的对身体或心理的危险或风险的预感，以及个体在应对处置时的有力与无力感，主要表现为确定感和可控制感。① 公众安全感则反映了一个国家或某一地区社会公众的总体安全感，它是以人们的心理反应为出发点，衡量了社会的整体安全感。有研究者提出“公众安全感”是指公众在某种公共活动环境中体验到的确定控制感、归属感和安全需要的满足。其中，确定控制感是指在公共危机背景下，公众从主流信息渠道获得了及时、充分和一致的信息，从而对公共危机发生原因、过程和发展趋势形成的确定性认知和控制性体验。归属感是指在公共危机压力下，公众由于受到社会其他成员的关怀、抚慰而形成的温暖和可依靠的主观体验。安全需要的满足是指公众在充分了解公共危机的发生发展状况的基础上，基于对社会救援系统和自身危机应对能力的评估而形成的有效应对危机的效能感和安全的主观体验。②

已有研究指出，影响公众安全感最重要的五个因素为危机事件因素、政府应对、媒体应对、个体应急能力、群体应急心理行为，公众安全感受到威胁的程度是由这五个因素的互动机制决定的。突发事件的性质、影响范围以及严重程度与公众的安全感呈负相关，即突发事件越严重，公众感

---

① 安丽娟、丛中：《安全感研究述评》，《中国行为医学科学》2003 年第 6 期。

② 杨菁、杨梦婷：《重大突发事件中公众安全感的影响因素及治理对策研究——基于 4·20 雅安地震公众安全感的实证分析》，《探索》2016 年第 1 期。

受越不安全。政府应对越有力，同时公众对政府的信任度越高，则公众的安全感越高。政府媒体应对越及时、态度越诚恳和有效，公众感受越安全。个体的危机知识储备、风险偏好、心理素质等与公众安全感呈正相关，即个体对突发事件的应对能力越强，公众会感觉越安全。此外，个体在危机状态下往往会受到他人行为策略的影响而出现从众行为或者过度依赖媒体舆论，因此，周围群体的心理状态和行为反应会影响公众的安全感，群体应急心理行为越稳定，公众会感觉越安全。①

（三）社会情绪

社会情绪作为社会心态的重要组成部分，是社会需要满足与否的直接体验，是社会系统运行状态的“晴雨表”，推动和调节着社会的运行。社会情绪是指一定社会环境下某一群体或某些群体或整个社会多数人所共享的情绪体验。它不是个体情绪的叠加或混合，而是个体之间、个体与群体之间、群体与群体之间互动的结果。② 重大突发事件发生后，公众必然会出现恐慌、焦虑、紧张不安的情绪，其中社会恐慌、社会焦虑和抑郁是最为常见的社会情绪。恐怖袭击事件和突发公共卫生事件所造成的社会恐慌的传播速度最快、传播范围最广。恐慌情绪本质上就是公众对于社会或自身应对危机能力的消极预期与不信任感的直接反映。客观发生的突发事件是构成社会恐慌等情绪反应的初始动力，威胁感知和应对效能是影响社会恐慌的主要因素，其中媒介的信息传播、突发事件的风险叙事和风险放大机制都会强化民众的威胁感知，对社会恐慌具有激化效应，而政府的风险应对行为以及媒介信息中的国家干预叙事，如应对措施、社会救助行为以及政府取得的各种成就，有助于提振社会信心，对社会恐慌具有消解作用。社会恐慌、社会焦虑和抑郁的爆发具有一定的阶段性时序差异，一般来说，恐慌、焦虑等具有警报性的负面情绪率先爆发，焦虑情绪持续的时间会比恐慌情绪长一些，而抑郁情绪的出现时间要明显晚于社会恐慌。

社会恐慌的演变一般包括三个阶段。第一个阶段是突发事件发生初期，突发事件充满了未知性、新奇性和不确定性，公众的威胁感知较强，

---

① 杨菁、杨梦婷：《重大突发事件中公众安全感的影响因素及治理对策研究——基于 4·20 雅安地震公众安全感的实证分析》，《探索》2016 年第 1 期。

② 王俊秀：《社会情绪的结构和动力机制：社会心态的视角》，《云南师范大学学报》（哲学社会科学版）2013 年第 5 期。

而此时无论是公众个体还是国家政府层面的应对效能都较低，在高威胁感知、低应对效能的情况下，会出现大规模的社会恐慌。第二个阶段随着突发事件的发展，多重应对措施的开展、媒介更多正面信息的报道、公众应对效能逐步提升，尽管威胁感知依然存在，但社会恐慌水平逐步降低。第三个阶段突发事件逐渐平息，各种不确定性下降，公众对事件的认识逐渐增多，媒介对事件的关注度下降，大众对风险信息逐渐脱敏，而社会主体的应对能力则进一步提升，公众的社会恐慌渐趋消退。①

研究发现，社会情绪的形成也经历了三个阶段。首先是社会情绪的唤醒阶段，恐慌情绪的唤起是个体遇到威胁时本能性的生理反应，突发事件的发生是恐慌情绪产生的直接导火索。恐慌情绪唤起的强度取决于突发事件的性质和后果、个体的风险感知、应对能力、需求满足程度等因素之间的相互作用。恐慌情绪的高度唤醒说明公众的社会心理安全感和社会信任感降低，而高唤醒度的情绪需要宣泄的渠道。其次是社会情绪的传播与扩散阶段。社会情绪传播涉及情绪的社会分享和情绪感染两个维度。情绪的社会分享是指人们普遍倾向自愿地与他人诉说、谈论自己经历的情绪事件及感受，它具有传播性。情绪的强度越高，分享的意愿越强烈。情绪感染是指人们能够在同伴的情绪中感受到自己的情绪，情绪在传输者和接收者之间相互作用，不断循环，直至达成情绪和认知的趋同。随着信息通信技术的发展，除了面对面的沟通，电话、短信、微博、微信、社交网站等都是情绪传播的渠道。尤其是以计算机和互联网为中介的在线社会网络因其时效性、规模性和匿名性等极大地提高了人们情绪倾诉的动力，情绪传播已经不再受时间和空间的限制。最后，随着突发事件的有力处置，媒体的发声和表态符合公众期待，社会情绪将维持在一个稳定的水平，并逐步消退。

（四）风险应对行为

应对概念产生于心理学中关于心理防御和应激的研究，指的是个体通过认知、行为上的努力对特定压力源进行管理和适应，应对行为则是对外界压力采取的心理和行动上的应对措施。② 之后，"应对"概念被引入风险

---

① 龚为刚、朱萌、陈浩：《重大疫情下社会情绪的演变机制——基于 Twitter 和 GDELT 等大数据的分析》，《社会学研究》2022 年第 10 期。

② 李华强、龚乐、范春梅：《药品安全事件中公众应对行为的形成机制》，《公共管理学报》2019 年第 3 期。

研究领域，是指在不同风险情境下，个体所采取的心理和行为上的适应努力。有学者将风险情境下的行为反应总结为“信息搜寻”“防护反应”“情绪反应”。国内外学者结合不同风险情境，如地震、台风（飓风）、洪水、环境邻避、食品安全、新兴技术等，细化了风险应对行为的分类图谱。[①] 传统的“刺激—机体—反应”（SOR）模型认为，风险应对行为产生的逻辑是通过“信息刺激—风险认知—行为反应”的信息处理路径，即风险应对行为是在风险信息刺激下，个体通过“风险认知”决定“行为反应”的线性过程，行为差异主要体现在“风险认知”的差异上。目前广泛应用的“防护型行为决策模型”是从个体与社会、环境互动的视角阐释公众风险应对行为形成的动态过程，将风险应对行为的形成视为知识、心理、社会、环境等多因素互动的综合作用结果。也有研究者发现，随着突发事件的逐步发展变化，公众在各个阶段的关注点和心理反应是有所不同的，其应对行为发生机制也会有所区别。以新冠疫情为例，在事件初期，在风险感知与情绪的作用下，公众通过自我规避、规劝他人、求助行为来规避风险。在事件中期，风险感知、群际关系认知和情绪共同诱发公众的风险应对和群际行为。在事件后期，根据对未来事件态势和生活走向的判断，公众形成相应的前景态度，不同的前景态度会驱动不同的行为反应。[②]

伴随着突发事件的频繁发生，公众对应急信息的需求日益增长，尤其在互联网环境下，信息搜寻行为已成为公众应对外界刺激的重要反应，当个体知觉到自身对风险认知不确定时，常常会主动通过互联网搜索、查询、浏览相关信息，因此，公众对应急信息的搜寻和使用行为会在很大程度上对突发事件的发展和处置产生重要影响，有可能引发次生、衍生事件，给应急管理工作带来诸多挑战。国内学者大多认为，公众应急信息搜寻行为是公众在突发事件应对与处置过程中，在时间、环境等因素制约下，搜寻主体在应急信息获取、交流与利用中所表现出的行为总和。[③] 风险信息搜寻和处理模型（Risk Information Seeking and Processing,

---

① 庞祯敬、李慧：《突发公共卫生事件下公众风险应对行为形成路径研究》，《医学与社会》2022 年第 2 期。

② 成俊会、李梅：《突发公共卫生事件不同阶段中公众应对行为生成机制与引导策略研究》，《海南大学学报》（人文社会科学版）2023 年第 3 期。

③ 王玮：《突发事件中公众应急信息搜寻行为影响因素研究》，《现代情报》2021 年第 4 期。

RISP）认为面对特定风险时，个体特征的差异会使不同个体以不同方式搜寻与处理信息并影响个体可能采取的行为方式。风险情境下的公众为了实现目标，愿意耗费更多认知努力搜寻尽可能多的信息。信息垄断造成的信息饥渴、信息泛滥造成的信息过剩和信息异化造成的信息失真是公众开展应急信息搜寻时的主要情景①，影响个体搜寻信息的因素包括个体特征、感知风险、情感反应、信息不足、信息主观规范、信息搜寻态度与知觉行为控制等②，而信息价值认知、社交圈群认同等则会影响公众信息分享行为。

公众行为会受到个体特征、风险感知、情绪、信息沟通、政府措施等多方面的影响，尤其在面对突发事件时，基于对风险的感知和判断，会产生诸多行为反应，既有积极的应对行为，如主动采取措施，开展自我保护行动和一些互助行为，也会出现过激和消极的非理性行为，如抢购物资、逃逸行为、谣言四起、社会攻击行为等。非理性行为实质上是风险认知与恐慌情绪唤醒交互作用的结果。在突发危机情形下，人们的恐慌焦虑情绪被高度唤醒，导致认知资源紧张，难以同时鉴别不同类别的信息，会在行为上表现为不知所措。危机情景下的快速反应通常是自动化的，即习惯化的或熟练化的优势行为，因此，人们会采取有效的且又非常容易做到的应对措施。从时间上来看，应对行为最先受控于自动化的加工过程，随后再慢慢出现控制性加工。随着控制性认知加工活动的增强，自动化反应中的不合理和不适宜的部分被检测出来，并被逐步矫正，从而非理性行为出现后又会逐渐平息下来。③

第二节　社会心态

党的十九大报告提出：“要加强社会心理服务体系建设，培育自尊自信、理性平和、积极向上的社会心态。”④ 社会心态是在一定社会环境影

---

① 柴会明、陈兰杰：《国内外突发事件中公众应急信息行为研究述评》，《图书馆学研究》2020 年第 1 期。

② 王馨悦、刘畅：《重大突发公共卫生事件中公众信息搜寻行为影响因素探究》，《图书情报工作》2021 年第 4 期。

③ 樊春雷等：《突发性危机情景下抢购现象的发生及其应对策略》，《心理科学进展》2003 年第 4 期。

④ 《十九大以来重要文献选编》上，中央文献出版社，2019，第 35 页。

响下，人们对社会运行、发展变迁和重大事件形成的情绪情感、价值取向等方面的心理反应，是弥散于整个社会群体的普遍的整体思想意识。社会心态是对社会存在的一种心理反应，社会心态变化又会通过人们的思想言行反作用于社会存在，促进或阻碍社会存在的发展。社会的极速发展与变迁引发了社会心态的激变，而社会心态具有强大的共识凝聚和行为驱动功能，从而在经济发展、社会运行中的推动与制约作用日益凸显，由此引发了学术界对于社会心态的广泛关注。良好的社会心态是社会稳定发展的重要前提，更是社会治理体系得以有效运行的社会心理基础，而“心态危机”作为转型社会中的一种社会风险因素，有可能引发一系列现实冲突，导致诸多社会问题的产生，严重的会危及国家政权稳定与社会总体安全。为此，关注社会心态，对社会心态进行疏导和治理是非常重要的，它不仅是现代国家治理的题中应有之义，也是国家治理能力在社会领域的具体体现。

一 社会心态的定义及结构

大多数学者都将社会心态视为一段时间内，弥散在整个社会或社会群体中的宏观社会心理状态，它包括社会的情绪基调、社会共识和社会价值观。它是一种不系统、不定型、自发形成的社会意识，与特定的社会运行状况或重大的社会变迁过程密切相关，是在一定时期的社会环境和文化影响下形成的，推动着社会中的大多数成员表现出普遍的、一致的心理特点和行为模式。具体来说，马广海认为，社会心态是在一定时期内广泛存在于各类社会群体内的情绪、情感、社会认知、行为意向和价值取向的总和，它是社会心理的动态构成部分。[①] 杨宜音认为，社会心态是一段时间内整个社会的情绪基调、社会共识和社会价值观的总和。它透过整个社会的流行、时尚、舆论和社会成员的社会生活感受、对未来的信心、社会动机、社会情绪等得以表现；它与主流意识形态相互作用，通过社会认同、情绪感染等机制，对社会行为者形成模糊的、潜在的和情绪性的影响。它来自社会个体心态的同质性，却不等同于个体心态的简单加总，而是新生成的、具有本身特质和功能的心理现象，反映了个人与社会之间相互建构而形成的最为宏观的心理关系。王俊秀认为，社会心态是在一定时期的社

① 马广海：《论社会心态：概念辨析及其操作化》，《社会科学》2008 年第 10 期。

会环境和文化影响下形成的，社会中多数成员表现出的普遍的、一致的心理特点和行为模式，并成为影响每个个体成员行为的模板。[①]

对于社会心态的结构，学者们也存在不同的认识。马广海认为社会心态中最重要的要素是社会情绪、社会认知、社会价值观和社会行为意向。[②]社会认知是社会心态的认识基础，是人们对某些社会现象的相对一致的认识或理解。社会价值观是被社会成员普遍接受的某种价值观念，能够反映出政治结构和各种经济社会发展状况。社会行为意向是受社会情绪、社会认知和社会价值观影响的集体行动的萌芽状态。杨宜音认为社会心态是由社会情绪基调、社会共识和社会价值观构成的。社会价值观是隐含在社会结构及制度之内的使现有的社会架构得以保持的一套价值。王俊秀认为，社会共识、社会主导情绪和社会核心价值观念是社会心态的核心要素，并提出了社会心态的指标体系。一级指标由社会认知、社会情绪、社会价值观和社会行为倾向构成，社会认知的二级指标有社会安全感、社会公正感、社会信任感、社会支持感、社会认同与归属感、社会幸福感、社会成就感和社会成员自我效能感等。社会情绪的二级指标有社会焦虑、社会冷漠、社会愤恨、社会痛苦、社会愉悦、社会浮躁和社会贪欲等。社会价值观的二级指标有国家观念、道德观念、公民观念、公私观念、责任观念、财富观念、人际观念、权力观念和文化观念等。社会行为倾向的二级指标有公共参与行为倾向、利他行为倾向、歧视与排斥行为倾向、矛盾化解策略、冲突应对策略、生活动力源。[③]

近10多年来，随着社交媒体和短视频平台的发展，互联网已渗透到中国社会的各个阶层和群体，成为社会心态表达与涌现的新场所。网络平台为社会心态的表达提供了新的渠道，它与现实社会心态具有一定的共性，但它又不是现实社会心态的简单投射，而是受网络场域的重塑并具有网络社会逻辑印记的独特产物。网络社会心态即一定时期内存在于网络社会或网络社会群体之中的社会认知、社会情绪、社会价值观和社会行为倾向的总和。[④] 网络社会心态不仅是社会心态研究不可或缺的一部分，也是现实

---

① 王俊秀：《社会心态的结构和指标体系》，《社会科学战线》2013 年第 2 期。

② 马广海：《论社会心态：概念辨析及其操作化》，《社会科学》2008 年第 10 期。

③ 王俊秀：《社会心态的结构和指标体系》，《社会科学战线》2013 年第 2 期。

④ 黄荣贵、吴锦峰、桂勇：《网络社会心态：核心特征、分析视角及研究议题》，《社会学评论》2022 年第 3 期。

社会的“晴雨表”，成为影响政府政策制定的重要因素。

二 转型社会中社会心态的现状与变化

（一）由生存性需求向发展性需求转变

社会需求是社会民众在日常生产生活中关于生存、发展、享受和自我实现希望达到的心理欲求状态，它是社会心态形成和发展的基础和推动力，是伴随社会的发展变迁而不断发展变化的，是对社会现实的反映。美国社会心理学家马斯洛将人的需求分为生理、安全、情感、尊重和自我实现五个层次，底层需要满足后，会产生高层次需要。当公众的社会需要得到满足后，他们对社会现实的认知会使他们感受到安全、公正，从而产生社会安全感、社会信任感、社会幸福感等，而这些积极的社会认知和感受又会进一步产生社会愉悦等积极的社会情绪；然而当公众的社会需要没有得到满足时，他们对社会现实的认知倾向于负面和消极，这种社会认知就会导致焦虑、冷漠、愤恨等消极的社会情绪产生和弥漫。随着人民生活水平的不断提高，人民对美好生活的需要也日益广泛，不仅对物质文化生活提出了更高要求，而且在民主、法治、公平、正义、安全、环境等方面的要求也日益提升，呈现多样化多层次多方面的特点。民众社会需求的满足与否与生活满意度紧密相关，2006～2017 年对不同领域的政府工作满意度的调研表明，民众对医疗卫生、社会保障、维护社会治安的满意度逐年上升，但对信息公开与透明度、扩大就业、发展经济、依法办事和执法公平的满意度却呈逐年下降趋势①，说明民众在这些方面的需求还未得到充分满足。近几年的调查也发现，安全需求是民众反应最强烈的需求，其中人身、财产安全是安全的基本保障，食品安全最受关注，民众对于隐私安全和环境安全的要求也进一步提高。民众的多层次、更高标准的社会性需求将对今后政府的社会治理工作提出新的挑战。

（二）民众的幸福感和获得感

民众幸福感和获得感是近些年来转型社会中社会心态研究的重要内

① 王俊秀、陈满琪：《中国社会心态研究报告（2019）》，社会科学文献出版社，2019，第 3～5 页。

容，民众的主观幸福感和生活满意度是幸福感研究的主要测量指标，获得感体现了公众的社会需要是否得到满足。确切地讲，获得感是在一定时段内，民众从国家治理和社会治理过程中有效获得物质、健康或精神福利之后，进一步产生的主观心理福利增量[①]，是提升公众幸福感的重要基础。中国综合社会调查结果表明，从2003～2015年，中国居民的幸福感呈上升趋势，其中，从2003年到2011年幸福感一直上升，到2011年达到顶点，在2012年和2013年有所下降，到2015年又有所回升。总的来说，民众的幸福感整体是呈上升趋势的。[②] 研究发现，2005～2015年，我国具有中高或高度获得感的民众已经超过一半，获得感为中低或低度的群体约为1/3。家庭收入、健康、教育等指标对获得感有明显的支撑作用，而灾难事故对获得感具有显著的削弱作用。[③]

（三）社会信任

社会信任是社会和谐与稳定的重要基石，当前我国社会正处在从传统社会向现代社会的转型过程中，社会结构发生了巨大变化。伴随着快速城市化的发展，大量人口从户籍所在地向其他城市和地区流动，传统社会中的家人关系、熟人关系被打破，导致转型社会中社会信任危机频发。社会信任包括人际信任和制度信任，人际信任是指人与人之间的信任程度；制度信任主要指对公共机构和组织的信任，主要包括对政府机构、公共媒体、公共事业单位或部门、商业行业和非政府组织的信任，制度信任中隐含着对规则、规范和法律的信任。[④] 国内基于1990～2009年的已有调查数据指出，整体而言，在转型阶段民众表现出普遍较高水平的政治信任，对军队、中央政府等主要政治机构有信任感的公民一直超过半数。在人际信任方面，民众对自然人信任的差序格局不仅存在，而且对家人的信任与对其他自然人的信任在程度上存在巨大差异，与家人以外自然人的关

---

① 陈云松、张翼、贺光烨：《中国公众的获得感——指标构建、时空变迁和宏观机制》，《中国浦东干部学院学报》2020年第2期。

② 王俊秀、陈满琪：《中国社会心态研究报告（2018）》，社会科学文献出版社，2018，第11～14页。

③ 王俊秀、陈满琪：《中国社会心态研究报告（2018）》，社会科学文献出版社，2018，第11～14页。

④ 侯静：《社会转型中社会心态的理论内涵、逻辑建构及变迁》，《北京社会科学》2022年第4期。

系比较淡薄。[①]应该说，我国的总体信任水平是有所提升的，但也存在一些不可忽视的信任问题，如人际不信任的扩大化，对多数人的不信任将会形成一种不信任的社会文化。群体间的不信任加深和固化，表现为官民之间、警民之间、医患之间、民商之间等许多主要社会关系之间的不信任，也表现在不同阶层群体之间的不信任。[②] 社会不信任已经成为许多群际冲突和社会事件发生的重要社会心理基础。

（四）社会价值观

社会价值观是社会心态中最为稳定和深层次的部分，是隐含在社会结构和社会制度内的价值观念，是社会群体或社会中典型的、共同接受和遵守的价值观念。随着社会的转型和变迁，社会价值观也会发生一些变化。2013 年的中国社会状况综合调查显示，平等、民主、文明、公正、和谐排在社会价值观的前五位，成为民众最看重的社会价值观[③]，民众的权利意识在不断增强。此外，当前的社会价值观念也更加多元，不同社会阶层、不同文化背景、不同生活环境下的人们在知识体系、信息来源、需求和利益方面明显不同，对同一事情的认识肯定也会有所不同，这也是社会转型的必然结果，但会导致共享价值观的缺乏，引发纠纷和社会冲突。

三　突发事件中的社会心态

突发事件不仅是一个风险事件，还是一个社会事件，必然会对社会心理产生影响，导致公众诸多社会态度、社会情绪以及社会行为的变化。

（一）社会焦虑

在我国社会急剧转型的时期，社会焦虑成为一种非常普遍的社会现象，并且弥散到社会生活的方方面面，也存在于所有的社会群体当中。社会焦虑是社会成员中普遍存在一种紧张的心理状态，源于对当前的不确定性和对未来的不可预期性。尤其是现代社会在高速发展的同时，社会能量的空前积累和社会的日益复杂化，以及全球化进程和信息化进程的快速推

① 王燕、刘思洁、陈矜之：《改革开放 40 年中国人心态变化的年代分析——以社会信任、主观幸福感和心理健康为例》，《苏州大学学报》（教育科学版）2020 年第 1 期。

② 王俊秀：《当前值得注意的社会心态问题和倾向》，《中国党政干部论坛》2015 年第 5 期。

③ 王俊秀：《当前值得注意的社会心态问题和倾向》，《中国党政干部论坛》2015 年第 5 期。

进，都不可避免地给人类社会带来了各种类型的风险，使人们处于一种前所未有的、不可预期的高度不确定性中。现代社会已经进入了不安全时代，不安全已经渗透到人们的日常生活结构中，我国社会发展也已进入了战略机遇期，风险和挑战并存，不确定和难以预料的因素明显增多，因此，自然风险和社会风险的累积与叠加，势必会给民众的基本生存状况带来空前的变数，从而进一步加剧了社会焦虑。尽管社会焦虑在一定程度上具有激发社会成员的潜能和动力的积极作用，但不容否认的是社会焦虑会产生较大范围的社会负面影响，使得人们容易出现不切实际的高期望心理，对生活的满意度降低，引发一些短期化行为、越轨行为等，甚至严重的会诱发集群行为，导致群体性社会事件的爆发。

（二）群体性怨恨

社会情绪分为积极的正向情绪和消极的负向情绪，转型社会中由于社会矛盾和冲突的不断增多，诱发出了诸如恐惧、焦虑、愤怒、怨恨等负向情绪，并且民众负向情绪的引爆点变低，爆发强度较高，影响范围扩大，指向性明确，成为社会事件的情绪能量，导致一些重大社会安全事件的发生。在事件发生后，负性情绪不断升级，导致群体情绪失控，产生极为严重的消极后果。《社会心态蓝皮书：2011 年中国社会心态研究报告》指出：我国转型时期最明显的社会心态是群体性怨恨。而群体性怨恨最容易发生在弱势群体身上，在经济社会快速发展的同时，群众因利益长期受损或基本民生问题的困扰直接影响了底层群体的生活满意度以及对社会的态度和信心。[①]“群体性怨恨”会产生非理性认知，从而潜在地对公众的判断和行为产生影响，导致重大突发公共事件发生后，很多“非直接利益”的参与者和旁观者增多。当前，“群体性怨恨”的特点表现为，怨恨产生的场域不断扩大，社会各个阶层在各个领域都不同程度地存在不满和怨恨情绪；怨恨的强度、烈度日益加强，尤其反映在群体性事件的冲突升级上；新媒体成为怨恨情绪发酵、扩散抑或是消解的重要结构性力量。[②]

---

① 转引自孙元明《社会心态环境脆弱是重大群体性事件频发的重要原因——论社会心态环境的概念、表现、趋势及其改善》，《信访与社会矛盾问题研究》2014 年第 5 期。

② 徐春丽：《转型期我国社会怨恨产生的原因及其消解》，《行政与法》2013 年第 10 期。

（三）社会心态失衡

社会心态失衡就是指人们在一种社会比较环境中，认为自身利益遭受了不公正或不公平的损害或被剥夺时的主观心理感受。由此产生的社会认知和情绪反应通常都是消极的、否定的。[①] 我国社会在快速转型发展时，经济水平得到了显著的提升，但也带来了地区间和个人间的收入差距，导致了贫富两极分化，加剧了相对剥夺心态的产生，也有研究者指出，收入差距过大已经成为当下我国最严重的社会问题之一。此外，当个体在生活中由于社会不公正而感到自身利益受到严重损害，却无法得到解决时，也会很容易产生被他人剥夺的心态。于建嵘在其研究中指出，目前我国社会群体性事件的主要类型是“维权类事件”，此类事件占目前全国群体性事件的 80% 以上。[②] 这些社会不公平、不公正待遇导致的利益损害会让人们感到愤怒，引发其心理失衡。而心理失衡又极易引发极端行为，这就是许多群体性事件发生的重要社会心理动力。因此，也有学者指出，群体性事件是遭遇了不公正待遇的弱势群体应对这种不公正待遇的极端方式。

（四）社会信任

社会信任是一种非常重要的社会心态，一个社会的信任状况直接关系到社会中社会资本存量的大小，关系到社会成员的认同和社会的整合程度。当前，由于社会的快速转型发展，社会价值观念日益多元，利益关系日益复杂，信息传播手段日益多样，我国的社会信任问题日益凸显，传统意义上的社会信任如公众对政府的信任、公众对他人的信任遭遇了很大的挑战。信任主要涉及政府信任和社会信任两类变量，突发事件发生后，政府信任显然会受到冲击。一项在瑞士的调查显示，H1N1 暴发后公众对政府的信任显著降低，对政府的能力和动机均表现出质疑。研究也表明，对政府信任度低的公众更少遵从疫情防控措施，也更少对存在争议的有利政策表示支持。[③] 民众

---

① 马广海：《从群体性事件看转型期社会心态》，《中国海洋大学学报》（社会科学版）2012 年第 6 期。

② 于建嵘：《当前我国群体性事件的主要类型及其基本特征》，《中国政法大学学报》2009 年第 6 期。

③ 辛自强、李越：《疫情的风险认知及经济社会心理研究进展》，《心理技术与应用》2020 年第 6 期。

对于政府信任度的下降，还会导致整个社会发生信任危机。突发事件的发生也会导致社会信任度的下降。社会信任是指对陌生人或社会上大多数人的信任，突发事件导致公众的风险厌恶水平提升，表现出对他人的不信任、恶意揣测，对谣言的偏听偏信等，进而社会信任水平降低。SARS 事件发生初期，由于权威信息缺失，疫情信息不准确，公众极度恐慌，也一度出现了对医务人员、病人、疫区群众的歧视。

第三节　突发公共事件中社会心理的疏导

一　提升各级政府处理突发事件的能力

突发公共事件的发生，必然导致社会公众产生一系列的消极社会心态，因此，一些不良的社会心态本质上是源于突发公共事件本身，要从根本上缓解社会公众的不良心态，就应该最大限度地减少突发事件的发生，降低突发事件的危害程度，这就需要提高我国各级政府处置突发公共事件的效能。应急管理是国家治理体系和治理能力的重要组成部分，党的十八大以来，国家高度重视应急管理能力建设和提升工作，从领导制度、理念认识、体系能力、思想方法等方面继续纵深推进，取得了显著成效，但在具体实践中仍然存在部门机构职能划分不清、应急管理全过程预案体系与协调联动机制不足、多元主体参与渠道与机制不完善、应急管理法律法规级别数量与其地位不对应、大数据科技使用与管理规范不足等问题。[①] 而城市社区作为各类突发事件发生的前沿阵地，不仅要落实应急管理各项工作措施，还是有效开展应急救援和处置工作的“最后一公里”，更是全社会应急管理工作的重要基础，如何提升城市社区的应急管理能力也是各级政府的重点工作之一。为此，还需要进一步突出制度建设，在实践中不断探索构建完备的应急管理制度体系。

二　重视社会心理的治理效能

社会心理作为一种深层次的社会存在，是影响社会稳定的重要内部因素，而社会心态作为社会心理的重要表现形式，往往与公众的物质需要、

---

① 张铮、李政华：《中国特色应急管理制度体系构建：现实基础、存在问题与发展策略》，《管理世界》2022 年第 1 期。

生命安全、利益诉求密切相关，是公众对社会现实问题的内心感受，也能体现出公众对于政府工作和社会发展的态度和满意程度。应急管理以及社会治理的最终目标就是要满足人民群众日益增长的美好生活需要，要维护社会稳定和促进社会发展，因此，把握社会心理的现状和发展变化趋势，有利于及时了解公众的生活满意度、对政府工作的满意度、对社会问题的判断和应对社会问题的行为意向等，有助于各级政府及早发现消极的社会情绪，及早发现应急管理工作中存在的问题，为防止突发事件次生灾害的产生争取时间，还能够为政府的管理决策提供科学参考。从这一角度来说，社会心理不仅可以成为检验应急管理工作效果的“晴雨表”，又可以作为指导应急管理工作的“风向标”。

（一）建立突发事件的社会心理监测和预警机制

前已述及，把握社会公众的社会心理态势，分析当前社会心态的变化特点，能够在一定程度上获知公众对社会运行机制、对政府工作和社会发展的态度以及满意程度，有助于各级政府认识到社会发展过程中存在的深层次矛盾和冲突，做到防微杜渐。突发事件的高度不确定性和后果严重性，一方面打破了公众原有的心理平衡，不可避免地出现恐慌焦虑、安全感降低、非理性行为增多等心理应激反应。另一方面，突发事件又会导致公众的切身利益受到不同程度的冲击，当这些现实问题与心理应激反应相叠加又会进一步加剧公众的身心反应，使得公众的心理反应呈现阶段性、复杂化、多样化的特点，因此，在突发事件的应对处置过程中，适时地开展社会心理的监测非常重要。应该在政府的主导下，建立国家层面的重大突发事件的社会心理预警系统，将对社会心理的监测和预警工作纳入到现有的应急管理机制中，成为现有监测预警工作的一部分。可通过相关部门牵头、多部门联动、资源整合的方式将对突发事件本身的监测与对公众社会心理的监测结合起来，使各级政府和应急主管部门能够及时监测到社会群体、某一社区甚至更广泛区域内民众的社会心理行为，通过跟踪监测民众的心理行为变化趋势，对社会公众可能出现的行为趋势做出预测，从而能够提前对潜在的社会风险进行预警，为各级政府的应急管理决策和有针对性的措施部署提供科学支撑。时堪等学者基于对 SARS 疫情的研究，提出社会心理行为预警系统的指标应包括风险评估、心理紧张度、应对行为和心理健康这四个。基于此项研究，可以将民众在面对突发事件时的风险认知特点、群体恐慌情绪、在风险认知基础上的应对方式和心理健康水平作为各类突发事件下社会心理行为监测与预警系统的基础指标。对于群体性事件，有学者认为社会心理因素是群体性事件产生的重要原因之一，群体性事件在一定程度上能够反映出一定时期民众的社会心态和对政府的信任程度，提出可以通过恩格尔系数、通货膨胀率、城镇失业率等间接指标，来衡量人们的幸福程度，分析是否存在容易导致群体性事件出现的潜在隐患。①

（二）利用网络大数据的心理分析技术开展社会心理的监测和预警

随着互联网的快速普及，网络不仅是人们表达思想、交流情感的重要载体，也是人们参与社会事务、表达态度与观点的重要平台。网络行为是一种相对客观的行为，能够通过数据的形式被记录下来，因此，通过分析网络用户的网络表达，能够帮助有关部门了解当下主流人群的社会心态状况。与传统的问卷调查方法相比，这种通过网络大数据来了解公众心理行为意向的方式能够更加方便、快捷、有效地进行公众社会心态的调查、分析与预测，其在社会治理过程中的作用与优势正日益凸显。另外，迅猛发展的多元新兴媒体已经成为社会舆论的中坚力量，公众参与社会公共事务、表达思想和诉求的意愿越来越强烈，网络舆情在一定程度上也能够反映出社会公众对社会事件所持有的态度、情绪和意见。研究者已发现社交媒体含有丰富的突发事件相关信息，通过对社交媒体信息的分析可以支持及时监测、风险评估和预测、风险预警、快速响应等应急管理工作。因此，通过对网络舆情的监测和研判，也能够及早发现弥散在社会群体中的消极观点和负面情绪，有助于掌握公众普遍的社会心理需求。从社会心理失衡现象的产生，到集群行为的出现，中间会经历一个较长时间的酝酿、发酵和爆发的过程，这就为社会心理的预警和疏导干预提供了时间窗口。在这段时间内，有关部门可以通过网络大数据技术，借助专业科研机构和心理学工作者的技术支持，对社会心理进行分析和研判，及时主动地、有针对性地采取相关措施对民众的心理

---

① 王认认、郭伶俐：《群体性事件中社会心理预警机制的构建研究》，《改革与开放》2018年第17期。

进行干预和引导，疏导民众的负性情绪，以消减非理性行为的发生，从而降低矛盾冲突发生的概率。

（三）畅通民意表达机制，疏导社会情绪

前已述及，当前我国民众的总体社会心态是比较稳定的，但也存在社会公平感、安全感下降，社会焦虑度上升等一系列负面心态和情绪，这些不良心态长期累积，极易被社会生活中的偶发事件所激发，演化成激烈的社会矛盾与突发公共事件，严重影响社会稳定。为此，当前社会治理实践工作的重要目标，就是要预防与化解社会矛盾，这也是社会治理与传统管理模式的突出特点。要保障人民群众的利益，要从根本上预防和化解社会矛盾，首先就必须要切实地把握公众的社会心态，倾听民意，畅通合理的诉求表达机制。众所周知，生活中的高压锅是有压力限制的，当蒸汽压力过大时，就会导致高压锅发生爆炸。为了避免爆炸，就需要通过“减压阀”这个装置来释放掉内部的压力，从而保障使用上的安全。同理，对于长期积累的社会情绪和矛盾，也需要通过“社会减压阀”来疏导和消解。因此，建立畅通的民意表达机制是释放民众郁积情绪、了解民众关切诉求、维护群众基本权益、推进社会民主公平发展的重要途径。特别是对于社会中的弱势群体，如果政府和社会关注不够，没有倾听到他们的声音，他们更容易产生相对剥夺感和愤怒情绪，对社会稳定极为不利。此外，随着重大突发事件的频发，在突发事件的应对和处置中，信息渠道的阻滞和不畅更会引发负面舆论和公众的强烈质疑。对于政府和相关部门来说，通过诉求表达机制，可以理解和掌握基层民众的真实问题和切身关切，也有助于及时回应民众的意见诉求和科学决策。所以，不论是应急管理工作还是社会治理工作，必须在尊重社会心态特点和变化趋势的客观规律基础上，在制度层面主动构建、创新拓展多渠道的社情民意表达渠道，减少社会群体因正当利益不能表达和维护而生成的挫折感和被排斥感，及时发现不良社会情绪的苗头，消除它们的负面影响，要防止不良情绪在底层社会群体中蔓延。另外，也要求心理学界加大对社会心态及其影响因素、作用机制和干预策略的研究力度，探索积极社会心态形成所需要的主客观条件，为社会心态的疏导和社会矛盾的化解提供切实可行的参考建议。

三　进行精准的信息供给

面对突发公共事件，恐惧焦虑、手足无措、逃避等都是人类在非常状态下的正常的心理应激反应。“媒介依赖理论”指出，当社会发生重大变化却情况不明时，民众常常急于通过政府和媒体了解事实真相，而且依赖性会明显增强，政府和媒体的及时预警和客观公正的报道有利于安定人心，防止事态进一步恶化。诸多事实也证明，社会公众了解到的有关信息越多，掌握的知识越多，判断能力就越强，选择决策行为的自信心也就越强，心理上的安全感也就越强。尤其在突发事件发生初期，及时、准确、权威的信息，将极大地减轻公众的恐慌情绪和失控感，有助于调整公众的风险感知水平，便于采取较为理性的应对行为。因此，以政府为主导的信息发布，对于引导突发事件下的社会心理非常重要。我国的信息发布工作已经取得了很大进展，但随着社会的发展和多元新媒体的兴起，信息发布工作不仅要遵循信息传播的特点，更应该关注信息受众的心理需求，能够回应公众的关切，这样的信息供给才能具有针对性，才能够在非常状态下，对公众的情绪和行为进行疏导和引导。要提供精准的信息，自然离不开对公众的社会心理进行跟踪和分析，准确把握公众普遍的内心感受和关切点，在掌握公众对事件信息多样化、多层次需求基础上，主动提供有针对性的信息。

另外，在信息发布过程中要注意细分信息受众和选择恰当的信息发布方式。大量研究发现，负性事件信息会加剧个体风险认知水平的上升，导致人们非理性的紧张或恐慌；而正性的事件信息，尤其是政府采取的有效措施信息，会显著地降低公众的风险认知水平。因此，政府和新闻媒体应保证发布的信息具备一定的侧重点，不仅要发布一些能够提高人们风险认知水平的信息，如严重后果和潜在风险等，还要加大对正面信息的宣传力度，多突出一些政府的决策部署和措施成效，多宣传一些正能量信息，这对于消解公众的负面情绪，提振应对突发事件的信心非常重要。同时，由于不同人群对突发事件的风险感知水平存在明显差异，还应该针对不同人群开展不同内容的信息发布，针对受众的心理特点选择有针对性的信息内容，争取把信息发布的积极作用充分发挥出来。

此外，相关部门还应加强对网络谣言等不良信息的管控。重大突发事件发生后，网络谣言往往比真相传播得更快、影响范围更广，成为突发事件应对中需要高度重视的导致社会心理失调的重要负面因素。因此，网络监管等部门应依法依规加强对网络信息的监管，尤其是要加大对网络不良信息的管控力度，对违法违纪的网络平台和传播不良信息的个人从严从重从快处罚。加大对网络信息发布平台的源头管控力度，从根本上阻断不良信息的传播，全方面提高网络治理能力。

四　加强公众的应急心理能力建设

应急能力建设不仅是指体制机制、人员队伍、基础设施、物资储备等的建设，还应该重视广大公众应急能力的建设，尤其是应急心理能力的建设。众多研究和事例已经表明，突发事件对社会体系的冲击不仅仅会造成严重的生命财产损失，还会对整个社会的价值体系、政治经济、心理状态等造成不同程度的影响，因此，危机治理不仅是对社会物理层面的干预，还要重视对深层次的公众社会心理的干预。例如公众的风险感知不仅受到自身特征的影响，还会随着危机的态势、危机信息的传播等发生变化，从而影响公众的行为决策，可能会盲目恐慌，也可能会过度自信，出现非理性的应对行为。心理学的研究早已表明，当人们面对陌生不熟悉的情景时，不可避免地会出现心理紧张和恐慌，这种情绪在人群中传播就会成为社会恐慌。尤其是在面对突发事件时，公众事先不了解突发事件的起因和风险性，就会高度恐慌和焦虑，会盲目相信谣言、盲目从众，影响对突发事件的有效应对。因此，加强公众的应急知识普及和进一步增强应急能力是提升公众应急心理素质的重要手段。

有学者指出，个体的能力和熟悉度是构成有效的危机应对反应的核心变量，也就是个体的能力越强，对危机的熟悉度越高，应对危机的效果就越好。突发公共事件会导致个体产生不同的应激反应，这种差异主要就源于个体的认知因素、情绪因素和个体的自身特征等。为此，应加强对公众的应急知识的普及，提高公众对突发事件的认知水平，减轻面对突发事件时的恐慌和不理性。同时，应急知识教育有助于使公众能够主动关注社会中的各种突发风险，能够对一些潜在的危险保持警觉，增强危机意识和风险意识。当前，我国的公共安全教育仍处于零散、低水平和不健全的状态，民众的公共安全意识普遍较低，对公共安全事件认识不足，面对灾难的心理承受能力较弱，所以加强公共安全教育势在必行，国家和各级政府应加大对公共安全教育的投入，逐步建立完善从学校到社会的公共安全教育体系。此外，还可以通过定期、不定期的各类专项应急演练来提升公众应对突发事件的能力。通过增强公众处理危机的能力，就可以提高人们对突发事件的可控制感，降低由于危机所带来的不确定性，增强公众应对危机的决心和力量。

五　完善应急心理服务体系

“非典”和汶川大地震后，我国的灾后心理援助工作取得了很大的进步和发展，逐渐形成了“一线两网三级服务”的心理援助工作体系。随着社会基本矛盾发生变化，民众的心理需要日益丰富多元，应急管理中的心理服务不能仅局限于单独的个体或某类群体层面的心理援助，还应关注社会公众层面的更加广泛的心理动态变化。“价值累加理论”已指出公众普遍的社会心态是触发集体行动的重要心理基础，由于社会心理相对内隐且复杂，容易被人们所忽视，但社会心理的后续效应将会对社会发展的诸多方面产生深刻影响。以此次新冠疫情为例，不同人群受到疫情的冲击和影响是不同的，如患者、患者家属、病亡者、老人、儿童青少年、医护人员、基层工作人员、防控人员、志愿者、不同职业群体、失业人群等的心理需求不尽相同，并且随着疫情的发展变化也逐渐分化，有些需要心理健康服务，有些需要社会心理疏导，有些需要在化解矛盾纠纷的同时进行心理干预，这些多元化需求对心理援助和应急管理都提出了挑战。这就要求我们应该准确把握工作对象和服务人群的典型心理需要，有针对性地采取措施，实行分类、分阶段的精细化服务。完善应急心理服务体系，需要在国家层面形成一套完整的制度设计，会涉及很多方面的内容。首先，应将应急心理服务体系纳入到国家应急管理体系中，在国家应急管理部门设立应急心理服务的领导组织机构，来总体管理、组织和协调应急心理工作的开展；制定应急心理服务规划和分类分级的响应预案；健全相关法律法规来指导和推动应急心理服务的规范运行；搭建应急心理服务的信息化平台；组建应急心理服务的专业人才队伍；加强应急心理学的基础理论和应用研究；等等。同时，还需考虑应急心理服务如何与现有的心理援助机制有机结合、平战结合，共同提升应急管理和社会治理工作的实效性。

六　开展社区心理建设

早在20世纪初，孙中山在其《建国方略》一书中就提出了心理建设的思想，将其作为国家建设的一个重要方面。党的十八大以来，随着国家治国理政理念的转变，社会治理实践的推进，党和国家对于民众的心理健康和心理建设高度重视，在很多重要文件中，都经常提到心理健康服务、社会心态培育、危机干预机制、社会心理服务体系等概念，这些都是心理建设的重要方面。心理建设是维护国家安定与和谐的重要民心建设，它面向的对象是全体民众，从具体实践操作上，心理建设可以延伸到基层社区，通过社区这个社会的基本单元，来开展心理建设。“社区”一词，最初是由德国社会学家滕尼斯提出的，他认为“社区”是“富有人情味和认同感的传统社会生活共同体”，本质上是具有心理和精神关联的一群人组成的社会生活共同体，也是国家和政府直接与民众联结的纽带。社区不仅具有社会交往和社会联结的功能，还应该在心理层面上具有社区认同感和归属感。尤其是突发事件发生后，社区居民之间的相互关心和支持，会帮助他们重新找到生活的“位置”，当外部的救援力量撤出后，现实生活问题与心理问题交织在一起时，作为人们熟悉并依赖的社区能够为他们提供更多的精神支持。

随着我国改革开放的深入推进，社会阶层和利益群体不断分化，社会矛盾和社会问题明显增加，出现了各种现实的社会心理问题，不仅是社会心态问题，还在某些心理指标上出现消极变迁趋势，如人际信任的衰落、心理健康问题的增加等。[①] 社区作为社会的基本细胞，更是社会治理和国家治理的基础。社区心理学，产生于20世纪60年代，是研究人与社区的关系，如社区认同、人际信任、社会支持、邻里关系、社区参与等，并试图通过心理学的知识和方法去解决社区层面的各种社会问题，如贫困、教育、犯罪、社会歧视、身体和精神的疾病等。[②] 为此，可以通过社区心理建设来构建和谐社区，去发现和化解基层的社会矛盾，助力基层社会治理的推进。当下我国的大部分社区对居民而言，仅仅是一个居住的地方，社区居民缺乏共同体意识，社区的自治功能低下，而社区建设的心理目标应该“以人为本”，提升居民的社区认同感和居民之间的信任感，构建和谐的邻里关系，培育健康的社会心态等。社区心理建设的内容很多，居民的社区认同感是核心，社区公共空间是社区建设的平台基础，利益关联是居

① 辛自强：《心理建设：社区治理新方向》，《人民论坛》2016年第9期。

② 辛自强：《社区心理现状与建设思路：基于对北京市G街道的调研》，《北京行政学院学报》2015年第4期。

民参与社会心理建设的核心动力之一。[①] 社区认同的培育可以通过设立社区共同目标、增强“我们意识”和归属感来潜移默化地进行。社区公共空间可以是线下的实体物理空间，也可以利用线上的网络空间。针对不同群体定期举办一些活动，来增进居民的联系，构建熟人社区。利益关联是居民通过参与社区事务来实现或保障自己的权益，这有助于进一步增强社会认同。

七　提升民众的心理健康素养，培育积极的社会心态

随着我国经济的快速发展，党和国家非常重视民众的心理健康，心理健康作为健康的重要组成部分，不仅关系到民众自身的幸福安康，还会影响经济社会的和谐发展。当前我国正处于经济社会快速转型发展时期，人们的生活节奏和多方面压力不断加快和提升，个体的心理行为问题引发的社会问题也日益凸显，成为影响经济社会发展的重大公共卫生问题和社会问题。当前，广大民众对心理健康的重要性认识不足，对常见精神障碍和心理行为问题的认知率比较低，缺乏对心理健康服务专业性和有效性的认识。为此，提升民众的心理健康素养非常迫切。有学者将心理健康素养界定为“帮助人们认识、处理或者预防精神障碍的相关知识和信念”。首先，要科学普及心理健康方面的知识，发挥传统媒体和新媒体优势，利用基层社区的平台，广泛科普心理健康知识和求助信息，正确认识心理问题，出现问题及时寻求专业帮助，树立“每个人是自己心理健康第一责任人”意识。

2006 年，党的十六届六中全会就提出“塑造自尊自信、理性平和、积极向上的社会心态”[②]，良好的社会心态对于个人的健康发展和社会的规范有序运行具有重要的引领作用。良好社会心态的培育要从外部社会环境的优化与内部心理环境的净化着手。社会环境是社会心态形成和发展的宏观背景和时代前提，因此，社会环境的改善是民众社会心态和谐稳定的现实基础，如完善利益协调机制、营造公平正义的社会氛围、完善弱势群体的社会保障、提升民生保障水平、营造风清气正的媒介环境等。内在心理环境的净化，不仅是普及心理健康知识，还需要加强社会主义核心价值观教

---

① 辛自强：《社区心理现状与建设思路：基于对北京市 G 街道的调研》，《北京行政学院学报》2015 年第 4 期。

② 《十六大以来重要文献选编》下，中央文献出版社，2008，第 662 页。

育，通过社会主义核心价值体系来引领社会思潮、凝聚社会共识，构建民众的精神支柱。

八 探索社会心理服务体系的社会治理功能

目前学术界对于社会心理服务的内涵大致有“心理健康服务观”和“社会治理观”两种不同的观点。心理健康服务观将社会心理服务看作个体心理健康服务的延续和拓展，强调了服务群体上的扩大。社会治理观提出社会心理服务不是个体心理健康服务，而是社会治理的内容和方式之一，认为社会心理服务应重点解决社会心态和社会心理问题，而运用心理学策略和规律进行社会治理则主要体现了社会心理服务作为治理方式的功能。毫无疑问，社会心理服务体系应是社会治理的内容和方式之一，同时还是推进国家治理体系和治理能力现代化的重要内容，也是满足人民对日益增长的美好生活需要的题中应有之义。尽管社会心理服务体系建设提出时间不长，但在实践探索中也积累了一定的经验。社会心理服务不同于心理健康服务，它主要是针对社会心态培育、社会心理疏导、社会预期管理和社会治理的心理学策略运用等，核心目标是解决社会宏观层面的心理建设问题。[①] 社会治理的核心目标是促进社会团结和社会和谐，关键在于维持个体、社会和国家的有序运转。为此，社会心理服务应该站在社会治理的高度，探索如何融入到社会治理的实践过程中，这也是当前政府部门、学术界和社会各界共同探索的课题。有学者认为，可从微观、中观和宏观三个层面进行探索。[②] 微观层面的社会心理服务对象是庞大的个体，针对的是个体的健康问题、家庭问题以及生活问题等，依据现有的心理疏导和干预服务，不断扩展心理服务的内容和对象。中观层面主要是社会心态培育和社会治理，从社会心理学角度关注民众各方面社会心态的特点和变化，从管理学、传播心理学、社区管理等角度关注社会问题，参与社会治理实践。宏观层面的社会心理服务目标是实现幸福社会，致力于社会制度的改善，为公共服务和社会治理的改善提供心理学方面的有力支持。例如，国外学者提出的“助推”和“促进”就是通过心理学方法为社会治理提供的工具选项。“助推”是诺贝尔经济学奖得主赛勒于 2008 年提出的，

---

① 辛自强：《社会心理服务体系建设的定位与思路》，《心理技术与应用》2018 年第 5 期。

② 王俊秀：《新冠肺炎疫情下社会需要什么样的心理服务》，《苏州大学学报》（社会科学版）2020 年第 2 期。

助推的原意是用胳膊肘或身体其他部位轻推别人，以提醒或引起别人注意，在行为经济学领域是保留人们选择自由的同时引导人们朝特定方向行动的一种非监管性和非货币性干预。由于人类的心理系统是不完善的，在认知和动机上存在缺陷，助推就是通过控制人们认知和动机上的缺陷，“局部修复”其在特定情境下的自主偏差，纠正错误，引导其朝着合适的方向行动。“促进”是瑞典的格鲁恩 - 雅诺夫和德国的赫特维希于 2016 年提出的，他们认为通过发展已有的能力或培养新的能力可以让人们做出特定的行为，但重点是保护和行使人们的自主选择权。“促进”方法关注外部环境（如信息的呈现或物理环境）和内部认知能力（决策的策略、程序化路线、自动化过程）的提升和两者的有机结合，“促进”干预的效果比“助推”更加持久。[①] 这两种强调按照心理规律解决实际社会治理问题的方法已在西方国家广泛应用，也顺应了社会治理的发展趋势。

① 陈泓菲、辛自强：《助推、促进、由心而治——社会治理的三种心理学路径》，《中国社会科学报》2018 年 3 月。

参考文献

学术专著

〔德〕乌尔里希·贝克：《风险社会：新的现代性之路》，张文杰、何博闻译，译林出版社，2022。

〔法〕古斯塔夫·勒庞：《乌合之众：大众心理研究》，陈剑译，译林出版社，2016。

〔荷兰〕阿金·伯恩、保罗·特哈特、〔瑞典〕埃瑞克·斯特恩、邦特·桑德留斯：《危机管理政治学——压力之下的公共领导能力》，河南人民出版社，2010。

〔美〕奥尔波特：《谣言心理学》，刘水平、梁元元、黄鹂译，辽宁教育出版社，2003。

〔美〕理查德·K. 詹姆斯、伯尔·E. 吉利兰：《危机干预策略》，高等教育出版社，2009。

〔美〕帕特里克·斯威尼、迈克尔·马修斯、保罗·莱斯特：《危机关头的领导力》，中国市场出版社，2014。

闪淳昌、薛澜：《应急管理概论：理论与实践》，高等教育出版社，2012。

时勘：《灾难心理学》，科学出版社，2010。

辛自强：《社会治理心理学与社会心理服务》，北京师范大学出版社，2020。

俞国良：《社会心理学的时代实践》，商务印书馆，2021。

张辉、刘奕、刘艺：《突发事件应急决策支持的理论与方法》，科学出版社，2017。

期刊论文

曾凡军、韦彬：《后公共治理理论：作为一种新趋向的整体性治理》，《天津行政学院学报》2010 年第 12 期。

曾胜、伍麟:《应急时期调节社会心态的中国经验》,《决策与信息》2021年第1期。

陈浩、薛婷、乐国安:《集群行为诸相关概念分类新框架》,《广西民族大学学报》(哲学社会科学版)2010年第6期。

陈辉兴:《SRAS事件的社会心理透视》,《成都教育学院学报》2004年第6期。

陈萍:《浅析突发公共卫生事件中的社会焦虑心理——以SARS为例》,《医学与社会》2005年第11期。

陈武英、刘连启:《模仿:心理学的研究述评》,《心理科学进展》2013年第10期。

陈新平:《公共应急管理文献综述》,《中国管理信息化》2016年第7期。

陈雪峰、傅小兰:《抗击疫情凸显社会心理服务体系建设刻不容缓》,《中国科学院院刊》2020年第3期。

陈雪峰、张琴、张乐祺:《美国应急管理社会心理服务体系及启示》,《科技导报》2020年第4期。

陈雪峰:《当前我国社会心理特征及治理方向》,《人民论坛》2022年第2期。

陈雪峰:《社会心理服务体系建设的研究与实践》,《中国科学院院刊》2018年第3期。

程华云:《SARS危机中社会恐慌行为的分析与对策》,《福州大学学报》(哲学社会科学版)2003年第11期。

程华云:《SARS危机中社会恐慌行为的分析与对策》,《福州大学学报》(哲学社会科学版)2003年第11期。

程奇:《国外灾难心理危机干预研究综述》,《福建医科大学学报》(社会科学版)2009年第6期。

邓卫文:《国内应急管理研究热点与发展趋势——基于CiteSpace的知识图谱分析》,《行政与法》2022年第2期。

杜仕菊、程明月:《风险社会中的社会心态表征与重塑》,《甘肃社会科学》2020年第4期。

杜兴军:《我国城市社区应急管理能力提升策略探究》,《城市与减灾》2022年第3期。

杜宇飞、张鹏、王娟、邹仪:《我国突发事件应急管理研究可视化分析与展望》,《中国人民警察大学学报》2022 年第 2 期。

付芳、伍新春、臧伟伟、林崇德:《自然灾难后不同阶段的心理干预》,《华南师范大学学报》(社会科学版) 2009 年第 3 期。

傅小兰、蔡华俭:《心安国安 心治国治——把握时代心理脉搏 提升国家凝聚力》,《中国科学院院刊》2016 年第 11 期。

傅小玲、王择青、祝卓宏、朱鸿武、刘竟、张红梅、刘金花、尚蕾:《心理干预对 SARS 一线医护人员心理健康的影响》,《解放军医学杂志》2005 年第 5 期。

高天:《音乐治疗对地震幸存者的心理危机干预》,《音乐探索》2011 年第 4 期。

高小平、刘一弘:《我国应急管理研究述评 (上)》,《中国行政管理》2009 年第 8 期。

高小平、刘一弘:《我国应急管理研究述评 (下)》,《中国行政管理》2009 年第 9 期。

管健:《当前社会心态的主要特征、趋势及影响因素》,《人民论坛》2023 年第 3 期。

管健:《网络谣言背后的社会心态》,《人民论坛》2014 年第 3 期。

郭丁:《鲍勃·杰索普的元治理理论探析》,《山东社会科学》2022 年第 1 期。

郭小安、李萌:《重访群体心理研究的灰色地带:勒庞、塔尔德和弗洛伊德的群体思想比较及现实启示》,《湖南师范大学社会科学学报》2022 年第 1 期。

郭小安、张荣:《谣言心理的三个研究维度:理论整合与现实关照》,《天津行政学院学报》2014 年第 3 期。

郭晓桢:《多元主体参与群体性事件治理的必要性及制度建构》,《山东社会科学》2012 年第 8 期。

韩兆柱:《西方公共治理前沿理论述评》,《甘肃行政学院学报》2016 年第 4 期。

何江新、许志国、李一璇:《突发重大公共事件中政府在心理危机干预机制构建的作用研究》,《西安科技大学学报》2020 年第 5 期。

何小芳:《国民健康社会心态的培育路径思考》,《中共四川省委党校学报》2013 年第 2 期。

洪兆平:《公共危机中领导者的心理压力》,《合作经济与科技》2011 年第 4 期。

黄琳、李桂华:《基于疫情谣言的信息疫情周期演变特征》,《成都大学学报》(社会科学版) 2021 年第 6 期。

贾留战、马红宇、郭永玉:《群体性事件的认知与情绪整合模型》,《云南师范大学学报》(哲学社会科学版) 2012 年第 4 期。

贾孝敏:《社会心理:一个唯物史观概念的再探讨》,《教育文化论坛》2021 年第 4 期。

兰艺华、辛自强:《促进社区共享共治的心理学思维与路径》,《社会治理》2020 年第 1 期。

李澄:《元治理理论综述》,《前沿》2013 年第 21 期。

李从东、洪宇翔:《面向突发事件的社会情绪稳定性建模方法研究》,《情报杂志》2014 年第 1 期。

李从东、洪宇翔:《面向突发事件的社会情绪稳定性建模方法研究》,《情报杂志》2014 年第 1 期。

李汉卿:《协同治理理论探析》,《理论月刊》2014 年第 1 期。

李珩、王玉英:《情绪模仿与感染:突发公共卫生事件中社会情绪的形成路径研究》,《新闻研究导刊》2020 年第 17 期。

李丽娜、崔向军、高志华、张珊珊、杨莉莉、苑杰:《赴川救灾志愿者替代性创伤调查研究》,《中国全科医学》2011 年第 7 期。

李平芬:《重大突发事件中的社会心态及其治理——基于全景敞视视角分析》,《中州大学学报》2020 年第 1 期。

李倩倩、王红兵、刘怡君、马宁:《我国群体性事件的典型特征、治理问题与对策建议》,《智库理论与实践》2022 年第 4 期。

李琼、杨洁:《重大公共突发事件背景下的中国应急管理研究(2003 ~ 2020 年):历程、热点与展望——基于 CNKI 文献的可视化分析》,《风现灾害危机研究》2020 年第 1 期。

李薇:《对“非典恐慌”事件的社会学思考》,《学海》2003 年第 4 期。

梁宝勇:《“非典”流行期民众常见的心理应激反应与心理干预》,《心理与行为研究》2003 年第 3 期。

梁斌、闫鹏:《巨灾经历对亲社会行为的影响:来自地震经历的经验证据》,《经济学报》2021 年第 4 期。

梁哲、许洁虹、李纾等：《突发公共安全事件的风险沟通难题——从心理学角度的观察》，《自然灾害学报》2008 年第 2 期。

林崇德：《专家—教练—教师相结合的创伤干预模式的建构》，《北京师范大学学报》（社会科学版）2018 年第 2 期。

刘斌志：《论艺术疗法在地震灾后青少年精神救助中的适用性》，《上海青年管理干部学院学报》2009 年第 3 期。

刘菲菲：《重大公共卫生事件中网络社会情绪的生成与治理——以新冠肺炎疫情为例》，《宜宾学院学报》2021 年第 2 期。

刘佳磊：《勒庞群体心理思想浅析——读《乌合之众——大众心理研究》》，《学理论》2013 年第 12 期。

刘捷：《社会焦虑心理的认知与疏导对策》，《福建论坛》（人文社会科学版）2013 年第 9 期。

刘玲爽、汤永隆、张静秋、邓丽俐、雷丹、刘红梅：《5·12 地震灾民安全感与 PTSD 的关系》，《心理科学进展》2009 年第 3 期。

刘正奎：《突发人为灾难后的心理危机干预与援助》，《中国科学院院刊》2017 年第 3 期。

马宝成、王立刚：《新时代中国应急管理的全面创新与发展》，《中国应急管理科学》2022 年第 5 期。

马捷、李洪晨、栾泽权：《生命周期视阈下国内应急管理进展研究》，《情报理论与实践》2022 年第 6 期。

马捷、李洪晨、栾泽权：《生命周期视阈下国内应急管理进展研究》，《情报理论与实践》2022 年第 6 期。

马骏、孟宪勇、李权超：《“东方之星”沉船救援中官兵心理应激及心理干预分析》，《中华灾害救援医学》2015 年第 7 期。

马宇红、赵媛媛、强亚蓉：《社交网络谣言传播的破窗效应和责任分散效应》，《计算机科学与探索》2019 年第 1 期。

马忠、施泽东、朱浩源：《突发公共事件中群体心理的非理性因素探究》，《甘肃理论学刊》2010 年第 3 期。

孟博、刘茂、李清水、王丽：《风险感知理论模型及影响因子分析》，《中国安全科学学报》2010 年第 10 期。

牛文元：《国家突发公共事件应急管理中的科学问题——社会物理学的理论与方法》，《中国应急管理》2007 年第 3 期。

潘俣彤:《疫情防控中解决医务人员心理危机干预困境的策略研究》,《中国医学伦理学》2020 年第 3 期。

彭善民、张起帆:《疫后社会心态治理:参与、疏导与引领》,《学习与实践》2020 年第 4 期。

秦邦辉、孙艳君、何源:《国外重大突发公共卫生事件心理危机干预措施及启示》,《南京医科大学学报》(社会科学版) 2020 年第 2 期。

秦攀博:《城市公共安全风险治理中的社会心理及其干预》,《特区实践与理论》2014 年第 1 期。

商植桐、张超:《领导干部突发性公共危机治理能力的核心素养及提升路径》,《领导科学论坛》2021 年第 1 期。

石密、刘春雷、时、刘建准:《影响网络集体行为意向的情绪感染路径研究——基于情绪 - 信息的理论视角》,《情报杂志》2018 年第 11 期。

时勘、范红霞、贾建民、李文东、宋照礼、高晶、陈雪峰、陆佳芳、胡卫鹏:《心理干预对 SARS 一线医护人员心理健康的影响》,《心理学报》2003 年第 4 期。

时勘:《危机突发事件的社会心理预警研究》,《北京社会科学》2003 年第 4 期。

宋晓明:《重大突发事件心理危机干预长效机制的构建》,《政法学刊》2017 年第 5 期。

苏妍嫄、张亚明、何旭、杜翠翠:《风险感知交叉演变下突发事件网络舆情传播模型研究》,《现代情报》2020 年第 12 期。

孙宏伟:《我国突发公共卫生事件心理危机干预体系的构建》,《中华卫生应急电子杂志》2018 年第 6 期。

孙梦如、蒋莉、郭沁:《健康传播视角下公共卫生事件中公众风险感知与行为的研究路径》,《浙江大学学报》(人文社会科学版) 2020 年第 3 期。

孙元明:《灾难中社会恐慌的生成、演绎、变化及其危害》,《前言》2020 年第 4 期。

谭旭豪、韩娜:《面向群体性事件治理的应急情报服务机制研究——基于行动者网络理论》,《情报探索》2022 年第 4 期。

汤超颖、龚增良、时勘:《地震灾难中民众的心理行为特征及管理对策》,《宁波大学学报》(人文科学版) 2009 年第 2 期。

唐斌:《流失与重构:政府对公众心理安全感的满足——基于公共安全事

件的思考》,《江淮论坛》2010 年第 3 期。

唐蕾、刘衍玲、杨营凯:《亲社会行为的认知过程及脑神经基础》,《心理发展与教育》2022 年第 3 期。

童辉杰:《“非典(SARS)”应激反应模式及其特征》,《心理学报》2004 年第 1 期。

汪向东:《灾难后的心理反应与心理干预》,《全科医学杂志》2001 年第 3 期。

汪新建、姜鹤:《社会心态研究的学术谱系与主要议题》,《西北师大学报》(社会科学版)2021 年第 2 期。

王俊秀、张跃:《我国社会心态的新变化与应对——基于三年社会心态调查数据的分析报告》,《人民论坛》2023 年第 3 期。

王俊秀、周迎楠、刘晓柳:《信息、信任与信心:风险共同体的建构机制》,《社会学研究》2020 年第 4 期。

王俊秀:《社会心理服务体系建设与应急管理创新》,《人民论坛·学术前沿》2019 年第 5 期。

王俊秀:《社会心理服务体系建设与应急管理创新》,《学术前沿》2019 年第 3 期。

王俊秀:《疫情期间社会心态变化调查》,《北京日报》2020 年第 2 期。

王雷、方平、姜媛:《基于系统动力学的群体情绪传播模型》,《心理科学》2014 年第 3 期。

王丽:《灾难信息传播与社会救助行为的唤起》,《东南传播》2009 年第 6 期。

王丽莉、梅燕京:《突发灾难事件心理援助参与者的角色探析》,《厦门特区党校学报》2010 年第 5 期。

王璐:《心理危机干预的研究综述》,《吉林省教育学院学报》2011 年第 9 期。

王松德:《新时期领导干部应急管理能力面临的挑战与路径选择》,《学习论坛》2013 年第 12 期。

王义保、王天宇、刘卓、李居超:《基于 SOR 模型的突发公共卫生事件公众应急行为研究》,《重庆社会科学》2020 年第 5 期。

王玉:《变革时代提升领导干部应急处突能力研究》,《中国应急管理科学》2021 年第 7 期。

王云飞、刘悦、王效柳:《社会心态视角下的群体性事件治理》,《黄河科技大学学报》2015 年第 2 期。

魏玖长:《公众对突发公共卫生事件的风险感知演化与防护性行为的研究进展与展望》,《中国科学基金》2020 年第 6 期。

吴克蛟:《灾难中的社会心理恐慌》,《当代经理人》2006 年第 6 期。

吴心怡、王林生、吴程程:《群体心理理论视角下群体性事件应对研究》,《南方论刊》2021 年第 7 期。

吴忠民:《社会焦虑的成因与缓解之策》,《河北学刊》2012 年第 1 期。

武瑞清:《应急决策情境下社会心理稳定的因素分析》,《山西警察学院学报》2020 年第 3 期。

向良云:《重大群体性事件演化的动力机制——基于群体动力学理论的研究》,《长白学刊》2013 年第 6 期。

肖旻婵:《运用 ACT 危机干预模式进行震后心理危机干预》,《中小学心理健康教育》2008 年第 7 期。

谢晓非、郑蕊、谢冬梅、王惠:《 SARS 中的心理恐慌现象分析》,《北京大学学报》(自然科学版)2005 年第 4 期。

熊水龙:《公共危机管理视阈下的领导干部核心素质及其提升》,《桂海论丛》2011 年第 5 期。

徐平、李明:《“后疫情”时期社会心态变化与综合治理》,《前沿》2021 年第 1 期。

徐嫣、宋世明:《协同治理理论在中国的具体适用研究》,《天津社会科学》2016 年第 2 期。

许佳佳:《对标与改善:新时代背景下南京市民社会心态培育探微》,《重庆科技学院学报 》(社会科学版)2021 年第 3 期。

许燕:《社会治理:社会心理与心理健康双路径服务的殊途同归》,《苏州大学学报》(社会科学版)2020 年第 2 期。

薛婷、陈浩、乐国安:《集群行为诸理论的整合模型》,《心理科学》2010 年第 6 期。

严磊、胡修银:《集群行为的西方社会心理学理论述评》,《贵州师范学院学报》2012 年第 3 期 。

颜金国、江巍:《森林消防指战员心理援助研究》,《中国应急管理》2022 年第 7 期。

颜珂、胡丹丹:《群体性事件心理学分析》,《法制与社会》2009 年第 5 期。
颜烨:《迈向应急社会心理学:风险感知与正性应对》,《学术交流》2022 年第 2 期。
杨玉芳、郭永玉:《心理学在社会治理中的作用》,《中国科学院院刊》2017 年第 2 期。
易臻真:《危机干预理论在社会工作实务中的发展及反思》,《社会建设》2018 年第 1 期。
俞国良:《群体焦虑抑或社会焦虑:特点、成因和应对》,《武汉科技大学学报》(社会科学版) 2021 年第 4 期。
张光雄:《论云南省领导干部的应急管理能力建设》,《中共云南省委党校学报》2011 年第 5 期。
张国亭:《当前群体性事件的趋势特征与有效应对》,《理论学刊》2018 年第 5 期。
张海波:《公共危机管理研究的基本问题——概念、框架、理论、方法与发展趋势》,《公共管理高层论坛》2006 年第 11 期。
张海波:《中国应急管理的适应性:理论内涵与生成机理》,《理论与改革》2022 年第 4 期。
张建、陈晓春:《基层党政领导干部公共危机管理能力素质模型》,《努力提高构建社会主义和谐社会领导能力研讨会暨 2006 年中国领导科学研究会论文集》2006 年 11 月。
张建新:《从抗疫心理援助看中国心理学的分化与整合》,《心理技术与应用》2020 年第 8 期。
张蕾,郭晓桐:《谣言、信任与群体性事件——基于谣“盐”和抢盐风波的调查研究》,《国际新闻界》2012 年第 7 期。
张强:《构建应急管理心理干预体系》,《中国党政干部论坛》2019 年第 10 期。
张馨:《微博谣言传播的社会心理分析》,《青年记者》2012 年第 8 期。
张雪琳:《一线指挥者危机决策压力及其制度疏解》,《领导科学》2020 年第 10 期。
张岩、魏玖长、戚巍:《突发事件社会心理影响模式与治理机制研究——基于虚拟风险体验与风险社会放大理论的整合分析》,《中国应急管理》2011 年第 6 期。

张寅:《新时代中国应急管理工作的完善与发展》,《消防论坛》2022 年第 2 期。

张莹瑞、佐斌:《社会认同理论及其发展》,《心理科学进展》2006 年第 3 期。

张郁、李娟、徐彬:《邻避设施利益群众非理性抗争的心理感知——基于“挫折—侵犯”理论》,《城市问题》2020 年第 1 期。

张仲明、覃树宝:《我国心理援助的发展阶段和体系建构》,《西南大学学报》(社会科学版)2021 年第 2 期。

赵国秋、汪永光、王义强、曹日芳、傅素芬:《灾难中的心理危机干预——精神病学的视角》,《心理科学进展》2009 年第 3 期。

赵鑫瑞:《幼儿学习中的群体心理效应:社会助长研究》,《教育观察》2020 年第 28 期。

赵云泽,薛婷予:《多重突发事件下的群体恐慌情绪传播与风险治理》,《苏州大学学报》(哲学社会科学版)2023 年第 3 期。

赵云泽、刘珍:《情绪传播:概念、原理及在新闻传播学研究中的地位思考》,《编辑之友》2020 年第 1 期。

赵云泽、薛婷予:《危机事件中恐慌情绪传播及群体认知研究》,《新闻与传播研究》2021 年第 2 期。

郑建君:《中国公民美好生活感知的测量与现状——兼论获得感、安全感与幸福感的关系》,《政治学研究》2020 年第 6 期。

郑昱、王二平:《公共领域中的集群效能研究述评》,《心理科学进展》2011 年第 2 期。

钟智锦、廖小欧、游宇霞:《网络社区中的情绪感染现象——基于环境类议题与爱国主义类议题的实证研究》,《新闻记者》2019 年第 9 期。

钟智锦、廖小欧、游宇霞:《网络社区中的情绪感染现象——基于环境类议题与爱国主义类议题的实证研究》,《新闻记者》2019 年第 9 期。

周鹏宇、王翠芳:《在社会治理创新中加强社会心理服务体系建设》,《中共山西省委党校学报》2019 年第 6 期。

朱正威:《中国应急管理 70 年:从防灾减灾到韧性治理》,《国家治理》2019 年第 36 期。

竺乾威:《从新公共管理到整体性治理》,《中国行政管理》2008 年第 10 期。

外文文献

Carol S. North，Barry A. Hong. Project CREST：A New Model for Mental Health Intervention After a Community Disaster，American Journal of Public Health [J]，2000（8）.

George S. Everly Jr.，Susan E. Hamilton，Cheryl GuidryTyiska，Kevin Ellers，Mental health response to disaster：Consensus recommendations：Early Psychological Intervention Subcommittee（EPI），National Volunteer Organizations Active in Disaster（NVOAD）[J]，2008（13）.

Gerard A. Jacobs. The Development of a National Plan for Disaster Mental Health [J]，Professional Psychology：Research and Practice，1995（26）.

Yanbo Wang，Xudong Zhao，Qiang Feng：Psychological assistance during the coronavirus disease 2019 outbreak in China，Journal of Health Psychology [J]，2020（25）.

Chnuxiao Zhao，Congrong Shi，Lin Zhang：Establishment of Online Platform for Psychological Assistance during a Public Health Emergency，International Journal of Mental Health Promotion [J]，2020（22）.

图书在版编目(CIP)数据

突发事件下的心理与行为研究 / 张滨熠著. -- 北京：社会科学文献出版社，2024.4

（应急管理系列丛书. 理论前沿）

ISBN 978-7-5228-3491-7

Ⅰ.①突… Ⅱ.①张… Ⅲ.①突发事件-心理干预-研究 Ⅳ.①B845.67

中国国家版本馆 CIP 数据核字(2024)第 072878 号

·应急管理系列丛书·理论前沿·

突发事件下的心理与行为研究

著　　者 / 张滨熠

出 版 人 / 冀祥德

责任编辑 / 岳梦夏

责任印制 / 王京美

出　　版 / 社会科学文献出版社·马克思主义分社（010）59367126

地址：北京市北三环中路甲 29 号院华龙大厦　邮编：100029

网址：www.ssap.com.cn

发　　行 / 社会科学文献出版社（010）59367028

印　　装 / 三河市尚艺印装有限公司

规　　格 / 开 本：787mm×1092mm　1/16

印 张：12.5　字 数：209 千字

版　　次 / 2024 年 4 月第 1 版　2024 年 4 月第 1 次印刷

书　　号 / ISBN 978-7-5228-3491-7

定　　价 / 89.00 元

读者服务电话：4008918866